이런 법도 모르고
1인 미디어
하지 마라

이런 법도 모르고 1인 미디어 하지 마라

김민철 · 김장천 · 신동희 지음

1인 크리에이터라면 반드시 알아야 할 필수 법률

"텔레비전에 내가 나왔으면 정말 좋겠네~ 정말 좋겠네~"

어릴 때 누구나 한 번쯤 흥얼거렸을 동요의 한 구절이다. 불과 십수 년 전만 해도 공중파 방송에 얼굴을 비춘다는 것은 두고두고 기억할 만한 정말 큰 사건이었다. 누군가에게는 상상 속에서나 가능한 일이었달까?

시간이 흐르면서 공중파에 한정되었던 방송시장의 모습은 완전히 바뀌었다. 이른바 케이블방송으로 저변이 확대되더니 어느 순간 국경이라는 장벽을 무력화시킨 넷플릭스나 디즈니플러스, 쿠팡플레이 등이 등장했다. 이른바 OTT시대가 개막한 것이다. 그 흐름과 비슷하게 사람들의 시선을 사로잡은 게 있었으니 바로 1인 미디어의 등장이다.

그동안 사람들은 수동적으로 콘텐츠를 소비하는 주체에 불과했다. 그런데 아프리카TV나 유튜브, 트위치의 출현으로 이제는 누구나 자신만의 콘텐츠를 올리거나 실시간으로 영상을 송출하는 게 가능한 1인 미디어 시대가 열렸다. 곧 마음만 먹으면 나만의 프로그램을 만들 수 있는 것이다. 이제는 한 사람이 콘텐츠를 생산하는 피디이자, 출연자이자, 방송국이 되는 세상이다. 여기에 더해 영상을 시청하는 수단이 거실에 자리 잡은 텔레비전에서 자기 방 책상 위 컴퓨터로, 손바닥 안 스마트폰으로 점점 개인화된 것도 이런 흐름에 한몫했다.

이처럼 이전과 다른 미디어 환경이 조성되면서 1인 미디어 크리에이터들이 반드시 알아야 할 사항도 많아졌다. 대표적으로 저작권이나 초상권 같은 것들이다. 별생각 없이 콘텐츠를 만들어 개시했다가는 법적으로 큰 어려움에 처할 수 있는 것이다. 실제로 이와 관련해 지난한 법정 싸움을 이어가고 있는 크리에이터들이 부지기수다. 1인 미디어가 점점 많아지면서 발생하는 법적 문제는 그 유형과 범위가 점점 다양해지고 있다.

특히 이제 막 1인 미디어 세계에 진입한 이들은 사소해 보이는 분쟁으로 큰 상처를 입을 수도 있다. 부푼 꿈을 안고 시작한 창작활동이 법적 분쟁으로 이어진다면 너무 가슴 아프지 않겠는가. 그런 일은 없어야 하지 않을까.

이 책을 꼼꼼히 읽고 나면 그 두려움은 많이 사라질 것이다. 1인 미디어 크리에이터라면 상식적으로 알고 있어야 하는 사항은 무엇인지, 결코 넘지 말아야 할 선은 어디까지인지, 만약 문제가 생겼을 때는 어떻게 대처해야 하는지 등을 상세히 다루고 있기 때문이다.

이 책을 통해 1인 미디어 활동과 관련한 기본을 익힌다면 마음의 부담을 내려놓고 창작의 나래를 마음껏 펼칠 수 있을 것이다.

2024년 12월

신동희 · 김장천 · 김민철

차례

2장

지적재산권에 민감한 1인 미디어 세상

■ ■ ■

3장

인터넷 미디어 세상의 형사분쟁

■ ■ ■

4장

명예훼손과 모욕
그리고 초상권과 각종 권리들

■■■

1장

1인 미디어로
수익을 올릴 때
주의해야 할 점

불공정한 전속계약,
어떻게 벗어날 수 있을까?

|||||||||||||||||||||||||||||||||||||||||

A는 유튜버다. 영향력이 상당한 까닭에 한 기획사가 A에게 전속계약을 제안했고, 그렇게 기획사와 계약을 맺어 활동한 지 꽤 되었다. 그런데 요즘 들어 A는 기획사에 대한 불만이 많다. 처음에는 적극적으로 유튜브 활동을 지원해 주었지만 점점 신경을 쓰지 않는 듯한 느낌을 받아서다. A를 관리하는 매니저는 다른 크리에이터를 챙기느라 제대로 연락조차 되지 않았다. 상황이 이런데도 기획사는 매니지먼트 비용이라며 수익의 일정 부분을 챙겨갔다. 노력은 혼자 하는데 수익만 나눠 갖는 것 같아 억울한 마음이 드는 A. 전속계약에서 벗어나고 싶은 마음이 간절하다.

이제는 유튜버도 연예인!
||||||||||||||||||||||||||||||||||||||||||||||

1인 미디어 시장이 발달하고 각종 1인 미디어 플랫폼이 생겨나면서 이제는 1인 방송을 취미로 하는 사람보다 직업으로 삼고 운영하는 사람이 많아졌다. 1인 미디어 방송산업이 성장하는 만큼 크리에이터들을 매니지먼트하는 소속사 역시 속속 생겨났다.

과거에는 기획사라고 하면 연예인을 관리하는 회사라는 인식이 강했지만 지금은 다르다. 1인 크리에이터도 기획사에 소속되어 활동하는 사례가 많아졌다. 기획사와 소속 크리에이터가 전속계약을 체결하는 것은 서로 도움을 주고받으면서 함께 성장할 수 있기 때문이다. 1인 크리에이터는 번잡한 일은 기획사에 맡기고 콘텐츠 창작활동에만 매진할 수 있으니 좋고, 기획사는 1인 크리에이터의 창작활동을 보조하고 일정한 수익을 나눠 가지니 이득이다.

하지만 전속계약이 핑크빛 기대처럼 이상적으로만 작동하는 건 아니다. "화장실 갈 때와 올 때가 다르다"라는 말이 있는 것처럼 전속계약 역시 체결 뒤 생각대로 일이 진행되지 않아 불만이 쌓이거나 갈등을 겪는 일이 자주 발생한다. 연예인이 기획사와 분쟁을 겪는다는 뉴스를 종종 접하는데, 1인 크리에이터도 마찬가지인 것이다. 갈등이 심해지면 전속계약에서 벗어나고 싶다는 생각이 간절하게 들 수밖에 없다.

"상황이 달라졌으니 없던 일로 합시다"라는 한 마디 말로 전속계약의 효력을 없앨 수 있다면 좋겠지만, 일이 그렇게 간단하지만은 않다. 전속계약도 법적 효력(구속력)이 있는 계약인 까닭에 함부로 무시할 수 없다. 계약은 자유롭게 체결할 수 있지만 한 번 체결한 계약은 지키는 게 원칙이다. 그렇다고 모든 계약을 항상 지켜야 하는 건 아니다. 계약 준수의 원칙에도 예외는 있기 마련이다. 계약을 지키지 않아도 되는, 달리 말하면 계약의 효력을 없애는 방법으로는 크게 세 가지(무효, 취소, 해지)가 있다.

계약의 효력을 없애는 세 가지 방법
‖‖‖

첫째, 무효다. 무효는 말 그대로 효력이 없다는 의미다. 좀 더 상세하게 설명하면, 계약을 체결했지만 체결할 당시에 계약에 너무 큰 하자가 있어 계약이 체결되지 않은 것으로 보는 것이다. 무효는 아예 처음부터 효력을 인정하지 않는 것이라서 그만큼 강력한 '한 방'이다. 무효를 쉽게 인정하면 너도나도 계약의 효력을 부정할 수 있기에 법적 안정성이 무너질 수 있다. 그래서 무효가 되는 경우는 매우 제한적이다.

민법에 규정된 무효 사유는 반사회적 법률행위, 현저히 불공정한 계약, 비진의의사표시, 통정허위표시다. 이 가운데 전속계약의 효력과 관련해 자주 문제가 되는 건 반사회적 법률행위와 현저히 불공정한 계약이다.

반사회적 법률행위라는 건 법률행위의 내용이 선량한 사회질서에 위배되는 걸 말하는데, 심청이 사례가 대표적인 반사회적 법률행위다. 심청이는 공양미 300석을 받고 인당수에 몸을 던지기로 약속(계약)했는데, 아무리 계약이더라도 목숨을 바쳐야 한다는 것은 사회적으로 용납하기 어려운 행동이다. 달리 말해 이는 반사회적 법률행위이고, 이런 계약은 효력이 없으니 지킬 필요가 없다. 크리에이터와 기획사가 체결한 전속계약에서 기획사가 크리에이터에게 말도 안 되는 내용을 강제(예를 들면, 범죄를 저지르게 하는 경우)한다면 반사회적 법률행위이기에 전속계약이 무효라고 주장할 수 있다.

또 민법은 현저히(뚜렷하게) 불공정한 계약도 무효라고 본다. 불공정한 법률행위는 한쪽에만 유리하고 다른 쪽에는 매우 불리한 경우를 말한다. 모든 계약은 완전히 공평하기는 어렵고 어느 정도는 불공평하기 마련이다. 그런데 그 정도가 너무 심한 예외적인 경우에는 효력이 없다. 이를테면, 세상 물정에 어두운 시골 노인이 경험이 없는 점을 이용해 값비싼 땅을 헐값에 사들이는 행동이 현저히 불공정한 계약이 될 수 있다.

크리에이터 전속계약에서 불공정한 계약이라고 볼 수 있는 계약은 지키는 게 원칙!
그렇다고 모든 계약을
항상 지켜야 하는 건 아니다.

상황은 전속계약 내용이 크리에이터에게 매우 불리한 경우다. A라는 크리에이터가 1인 방송도, 전속계약도 처음이어서 업계에 대해 잘 알지 못하는 상황이라고 가정해보자. 기획사 B가 A와 전속계약을 체결했는데, 그 내용을 보니 수익의 99%를 기획사가 차지하고 1%만 크리에이터가 가져가는 조건이었다. 이런 계약을 공정하다고 말하기는 어렵다.

실제로 법원은 아이돌 그룹 '이달의소녀' 출신 츄(본명 김지우)가 전 기획사와 체결한 계약이 매우 불공정하다고 판결했다.[1] 이 계약에 따르면, 츄는 연예활동으로 수익이 아무리 증가하더라도 그 수익이 매출액의 40%를 초과하지 않는 이상 정산금을 지급받지 못한다. 아무리 일을 해도 돈을 받지 못하도록 정한 계약, 이런 게 바로 현저히 불공정한 계약이다.

둘째, 취소다. 무효는 처음부터 효력이 없는 '상태'지만, 취소는 계약의 효력을 없앨 수 있는 '행동'이다. 곧 취소는 계약의 효력을 없앨지 말지에 대해 당사자에게 선택권을 부여하는 것이다. 따라서 취소해야 하는 상황이라면 그 의사를 상대에게 전달해야 하고, 그 의사가 상대에게 도착하는 순간 비로소 계약의 효력은 없어진다.

계약을 취소할 수 있는 대표 사유는 사기다. 흔히 알고 있는 대로 사기는 다른 사람을 속이는 것이다. "지하철 초역세권, 한강 조망권"이라고 자랑하면서 아파트를 광고하는 경우가 많은데, 지하철역에서 10분을 달려가도 아파트는 나오지 않고 한 강도 전혀 보이지 않는다면? 이런 게 바로 사기가 될 수 있다.

크리에이터 전속계약에 대입해 생각해보자. 계약을 체결할 당시 기획사 대표는 분명 이렇게 말했다.

"회사에 밴이 많아서 언제든 차량으로 행사장 이동이 가능하고, 전담 매니저가 크리에이터를 밀착 관리할 겁니다."

그런데 막상 전속계약을 체결하고 보니 기획사 대표의 말은 모두 거짓이었고 크리에이터가 탈 수 있는 기획사 차량이나 매니저는 처음부터 없었다. 이런 경우라면 기획사가 거짓말로 계약 체결을 유도한 것이기 때문에 사기를 이유로 전속계약을 취소할 수 있다.

셋째, 해지다. 해지는 앞서 언급한 무효나 취소와 명백하게 다른 점이 있다. 무효와 취소는 계약을 체결하는 시점에 '계약 자체'에 문제가 있었던 경우인데 반해, 해지는 계약 체결 당시 '계약 자체'에는 아무런 하자가 없는 경우에 적용된다. 양 당사자가 아무런 문제 없이 계약을 체결했다면 당사자들은 계약을 성실하게 준수하면 된다. 그러나 살다 보면 하자 없이 체결한 계약일지라도 계약 내용을 지키지 못하는 경우가 발생한다. 곧 상대가 계약대로 약속을 지키지 않는다는 이유로 계약 효력을 없애는 게 바로 '해지'다.

크리에이터 전속계약에서도 해지 문제가 있을 수 있다. 주로 발생하는 건 정산을 둘러싼 갈등이다. 계약서에는 수익금 정산을 3개월에 한 번씩 하기로 되어 있는데, 실제로는 정산을 차일피일 미루거나 정산하는 금액이 들쑥날쑥인 경우다. 이처럼 기획사가 전속계약에서 정한 사항을 제대로 이행하지 않으면 크리에이터 입장에서 기획사를 상대로 계약 내용대로 의무를 이행해달라고 명확히 요구해야 한다. 그래도 개선이 되지 않았을 경우 계약을 해지하겠다는 의사를 기획사에 전달하면 된다.

크리에이터 입장에서는 기획사와 전속계약을 체결할 때 최대한 꼼꼼하게 계약서 내용을 확인하는 게 최선이다. 만약 계약을 체결할 당시 계약서를 제대로 살펴보지 못했더라도 절망하기는 이르다. 앞서 언급했듯 법에는 무효, 취소, 해지라는 수단이 있기 때문이다. 계약 체결 과정에서 심각한 하자가 있었다면 무효나 취소를 주장해볼 수 있고, 계약 기간 중 기획사가 계약 내용을 제대로 지키지 않는다면 계약을 해지할 수도 있다. 물론 계약은 지키는 게 원칙이라는 점도 명심해야 한다. 크리에이터가 일방적으로 억지를 부리며 계약에서 벗어나려 한다면 오히려 크리에이터가 계약을 온전히 준수할 마음이 없다는 이유로 역공격을 당해 손해배상을 해야 하는 상황이 생길 수도 있으니 말이다.

유튜버가 세금 폭탄을
맞지 않으려면?

||||||||||||||||||||||||||||||||||||||||||||||||

A는 요즘 통장 잔고를 볼 때마다 미소가 지어진다. 얼마 전 시작한 유튜브 채널에서 몇몇 영상이 이른바 '떡상'해 조회수가 폭발적으로 증가했기 때문이다. 조회수에 비례해 구독자가 늘었고 그에 따라 수익도 커졌다. 수익이 많아진 건 분명 좋은 일이지만, 한 가지 걱정이 생겼다. 바로 세금 문제다. 유튜브 수익도 일종의 수입이니 세금을 내야 할 것 같기는 한데 '세금은 어떻게 내는 것인지' '적법하게 절세할 수 있는 방법이 있는지'에 대해 아는 게 없어 답답한 마음이다.

유튜버도 사업자등록을 해야 할까?

||||||||||||||||||||||||||||||||||||||||||||||||||||||||||

유튜브 활동은 콘텐츠를 만드는 창작활동이면서 사업을 영위하는 경제활동이기도 하다. 바쁜 와중에도 많은 사람이 유튜버로 활동하는 이유는 유튜브를 통해 돈을 벌 수 있어서다. 그런데 "소득 있는 곳에 세금 있다"라는 말이 있듯이 소득과 세금은 불가분의 관계다.

최근 유튜버들의 수입이 크게 높아지면서 유튜브 수익에 대한 국세청의 관심도 매우 큰 편이다. 해마다 고소득 유튜버의 탈세 뉴스가 빠지지 않고 들린다. 얼마 전에는 국세청이 구독자 75만 명을 보유한 유튜버 '아옳이'에 대한 세무조사를 진행해 수억 원의 세금을 추징했다는 뉴스가 보도되기도 했다.

그런데 국세청은 유튜버의 소득을 어떻게 확인하는 걸까? 유튜브 운영사인 구글은 미국에 본사를 두고 있어 유튜브 수익은 미국에서 한국으로 송금되는데, 국세청은 외국으로부터 받은 외환자료를 관리한다. 미국 달러 기준으로 연간 1만 달러 이상이 입금되면 국세청에 자동으로 통보되는 것으로 알려져 있다. 한 달에 대략 100만 원 이상의 수입이 발생하면 국세청이 송금 내역을 쉽게 알 수 있는 것이다.

유튜브 활동을 하려면 사업자등록을 해야 한다는 말을 자주 듣는다. 그렇다면 사업자등록은 뭘까? '사업자'는 말 그대로 사업을 하는 사람을 말하고, 세금을 낼 의무가 있는 사업자가 세무관서에 정보를 알리고 등록하는 게 바로 사업자등록이다. 취미 삼아 한두 차례 유튜브에 영상을 올리는 정도라면 굳이 사업자등록을 하지 않아도 된다. 그런데 계속해서 영상 콘텐츠를 생산해 돈을 벌 생각이라면 사업자등록을 해야 한다. 사업자등록을 하지 않으면 경우에 따라 추가 세금(가산세)을 부담해야 할 수도 있다.

사업의 종류는 매우 다양하기에 국세청은 이걸 편리하게 관리하기 위해 업종마다 이름과 번호(코드)를 붙여놓았는데, 이걸 '업종코드'라고 한다. 유튜버에게 적합한 업종코드는 '미디어 콘텐츠 창작업(921505)'과 '1인 미디어 콘텐츠 창작자(940306)'다.

미디어 콘텐츠 창작업 vs 1인 미디어 콘텐츠 창작자

'미디어 콘텐츠 창작업'과 '1인 미디어 콘텐츠 창작자'는 이름은 비슷하지만 차이가 있다. 미디어 콘텐츠 창작업은 과세사업자고, 1인 미디어 콘텐츠 창작자는 면세사업자다. 그렇다면 이 둘을 구별하는 기준이 뭘까? 영상 편집자나 시나리오 작성자 등을 고용하거나 별도의 방송용 스튜디오를 갖추고 있다면 미디어 콘텐츠 창작업(과세사업자)으로 등록해야 한다. 그게 아

"소득 있는 곳에
세금 있다"라는 말이 있듯
소득과 세금은 불가분의 관계다.

니라 집에서 혼자 영상 촬영과 편집을 한다면 1인 미디어 콘텐츠 창작자(면세사업자)로 등록하면 된다.

면세사업자라고 하면 세금을 전혀 내지 않아도 되는 것이라고 오해할 수 있는데 그렇지는 않다. 면세사업자라는 이름이 붙은 건 부가가치세를 내지 않아도 되기 때문이다. 곧 과세사업자는 부가가치세와 종합소득세를 내지만, 면세사업자는 부가가치세는 내지 않고 종합소득세만 내면 된다. 부가가치세와 종합소득세는 성격이 다른 세금이다. 쉽게 말해 부가가치세는 매출에 대한 세금이고, 종합소득세는 순이익에 대한 세금이다.

	미디어 콘텐츠 창작업	1인 미디어 콘텐츠 창작자
업종코드	921505	940306
정의	인적/물적 시설을 갖춤	인적/물적 시설을 갖추지 않음
특징	과세사업자	면세사업자
세금	부가가치세, 종합소득세	종합소득세

종합소득세는 의미 그대로 근로소득이나 사업소득 같은 이런저런 소득을 다 합쳐서 일 년 동안 개인이 벌어들인 전체 수입(순이익)에 대해 내는 세금이다. 종합소득세의 신고 기간은 소득이 발생한 다음 해의 5월 1일부터 5월 31일까지니 신고 기간을 놓치지 않도록 유의해야 한다. 근로소득만 있는 직장인이라

면 회사가 세금을 제외한 뒤(원천징수) 월급을 지급하고 해마다 연말정산을 통해 세금을 돌려받거나 더 내서 정리하기 때문에 종합소득세 신고를 할 필요가 없다. 하지만 근로소득 이외의 소득이 있다면 따로 종합소득세 신고를 해야 한다.

유튜버의 절세법

"인생에서 절대 피할 수 없는 두 가지는 죽음과 세금이다"라는 말이 있는 것처럼 세금 납부는 권리라기보다는 의무다. 하지만 이왕이면 적게 내고 싶은 게 인지상정이라 세금을 낼 때마다 아깝다는 생각이 드는 건 어쩔 수 없다. 탈세하는 건 안 되지만 법의 테두리에서 절세하는 건 괜찮다. 유튜버가 합법적으로 절세하려면 어떻게 해야 할까?

우선 경비 처리가 중요하다. 세금은 매출이나 순이익에 비례해 부과된다. 그런데 사업과 관련해 지출한 비용(경비)을 신고해서 필요한 경비로 인정받으면 순이익이 줄어들고, 그만큼 세금이 감소하니 납세자 입장에서는 이익이다.

경비 처리를 하려면 그 사업과 연관이 있는 돈이 지출되어야 한다. 예를 들어, 여행 유튜버라면 숙박비용이나 교통비용이 경비에 해당할 것이고, 먹방 유튜버라면 음식을 구매하는 비용이 경비가 될 것이다. 그리고 일반적으로 노트북이나 카메라 구입비, 통신비, 사무실 임차료나 전기요금, 수도요금, 난방비도 경비 처리가 가능하다. 영상 편집을 하는 직원이 있다면 그 직원에게 지급한 월급도 경비가 된다.

따로 작업실을 빌리지 않고 집에서 촬영하고 편집하는 사람일 경우 그 집의 월세(월 임차료)도 경비 처리가 가능할까? 아쉽지만 그렇지는 않다. 국세청은 주거와 사업을 위해 공동으로 사용하는 집의 월세는 경비로 인정하지 않는다. 월세는 사업과 연관된 비용이기 이전에 일상생활을 위해 지출되는 비용이기 때문이다.

또 경비를 지출했다는 증빙이 있어야 세금을 줄일 수 있으니 증빙자료를 잘 챙겨두어야 한다. 예컨대, 가족에게 영상 편집을 맡기고 돈을 준다면 현금 지급보다는 계좌이체가 더 낫다. 세금계산서, 신용카드 사용 내역, 현금영수증 등이 증빙자료가 될 수 있는데, 세금 종류에 따라 증빙 방식이 다르다. 일반적으로 부가가치세 경비 처리는 종합소득세 경비 처리보다 더 엄격한 증빙을 요구한다.

한 달 매출이 수천만 원 이상이라면 법인 전환도 고려해볼 필요가 있다. 사업자는 개인사업자와 법인사업자로 구분할 수 있다. 법인 전환은 개인사업자에서 법인사업자로 변경되는 걸 말하는데, 쉽게 말해 회사를 하나 차리는 것이라고 보면 된다. 법인사업자가 개인사업자보다 유리한 점은 세율이 낮다는 것이다. 개인소득세법상 최고 세율은 45%인데, 법인세법상 최고 세율은 24%이니 최고 세율만 놓고 보면 약 절반 수준인 것이다.

물론 법인 전환이 무조건 좋기만 한 것은 아니다. 법인은 법적으로 자연인(보통의 사람)과 구별되는 하나의 인격체여서 내가 만든 법인이라고 해서 내 마음대로 할 수 없다. 법인은 나와는 구별된 존재이기 때문이다. 예를 들어, 법인사업자 대표는 법인 통장에서 돈을 함부로 빼낼 수 없다. 함부로 법인 돈을 사용하면 심할 경우 횡령죄로 처벌받는다. 기업 회장이나 총수가 횡령죄로 처벌받는 일이 잦은 것은 회삿돈을 자기 돈으로 착각했기 때문이다.

또 법인사업자는 신경 써야 할 요소가 더 많다. 법인에는 지분이 존재하는데 지분 구성을 어떻게 할 것인지(한 사람이 모든 지분을 가질 것인지, 다른 사람과 나눌 것인지), 대표자 급여를 얼마로 책정할 것인지 등 여러 고민을 해야 한다.

세금은 매우 복잡하고 어려운 영역이다. 제대로 신고하지 않으면 세금 폭탄을 맞을 수 있지만, 절세로 불필요한 지출을 줄일 방법도 꽤 있다. 혼자서 세금 문제를 처리하기 어렵다면 세무 전문 변호사나 세무사, 회계사 같은 전문가의 도움을 받는 것이 좋다. 전문가에게 맡기면 수수료나 용역비는 들겠지만 그 돈보다 절약할 수 있는 세금이 더 많은 경우도 상당하다.

유튜브 영상 편집자도
근로자일까?

||||||||||||||||||||||||||||||||||||||||||||||

영상 촬영과 기획 그리고 편집 업무까지 담당하고 있는 A는 영상 관련 회사에서 일하고 있다. 그런데 급여가 짜도 너무 짜다. 이런 사정을 친구들에게 이야기했더니 근로자인데 최저임금도 받지 못하는 건 문제가 있다는 이야기를 들었다. 이에 A는 용기를 내 대표 B에게 자신이 프리랜서가 아닌 회사 근로자니 최저임금을 적용해 다시 계산한 임금의 미지급액과 연차휴가 미사용 수당을 지급해달라고 요청했다. A의 요청에도 대표는 뜨뜻미지근한 반응뿐이다. A는 과연 받지 못했던 돈을 다 받아낼 수 있을까?

유튜브 편집자는 근로자? 프리랜서?

|||||||||||||||||||||||||||||||||||||||||||||||||||||||||||

유튜브 시장이 점점 활발해지면서 개인 채널을 개설하는 사람이 폭발적으로 증가하고 있다. 이제는 일반인만이 아니라 유명 연예인까지 채널을 개설해 구독자를 모으는 상황이다. 공중파를 비롯한 여러 방송사는 프로듀서와 영상제작 스태프들을 갖춰 체계적으로 콘텐츠를 제작하는 것이 일반적이지만, 대부분의 개인 유튜버들은 작은 카메라와 마이크만 들고 자유롭게 영상을 촬영하는 경우가 대부분이어서 편집자의 영상 편집 능력이 굉장히 중요한 요소로 자리매김했다.

구독자가 많은 개인 유튜브 채널을 시청하다 보면 영상 편집자를 모집한다는 공고를 종종 본다. 공고 내용을 자세히 살펴보면 대부분 편집 영상의 길이에 따라 돈을 지급하는 형태의 이른바 프리랜서 계약이다. 그렇다면 유튜브 영상 편집자는 근로자로 인정받지 못하는 걸까? 이에 대한 의견은 분분하다. 누군가는 근로자로 봐야 한다고 이야기하고, 누군가는 그냥 프리랜서 아니냐고 말한다.

근로자인지 프리랜서인지 여부가 왜 중요하냐면 영상 편집자가 근로자의 권리를 보호하는 근로기준법의 적용을 받는지, 퇴직금을 지급받을 수 있는지 같은 사항에서 큰 차이가 있기 때문이다.

자신의 권리를 당당하게 찾아야!
||||||||||||||||||||||||||||||||||||||||||||||||||||||||||||||||

최근 법원은 영상 편집자의 근로자성에 대해 참고할 만한 판단을 내린 적이 있다. 이를테면 법원은 다음과 같은 법리를 제시했다. 곧 일을 시작할 때 체결한 계약이 고용계약인지, 도급계약인지, 위임계약인지 형식적으로 따지기보다는 계약이 체결된 뒤 일하는 사람이 근로자로서 특징을 갖는지 아닌지가 중요하다고 봤다. 다시 말해 업무를 진행할 때 업무 내용을 업주가 정하고 복무규정 등을 만들어 적용했는지, 근무시간이나 근무장소가 정해져 있는지, 기본급이나 고정급여가 책정되어 있는지 등을 파악해 실질적인 결정을 내려야 한다는 것이다.

조금 더 자세히 살펴보면 이렇다. 판례에 나온 근로자성 판단의 첫째 기준은 임금 지급에 관한 것이다. 그 형식이 기본급이나 고정급으로 정해져 있는지 여부를 보는 것인데, 근로자에게 임금은 아주 중요한 요소이기 때문이다. 일반적으로 영상 편집자의 업무를 떠올리면서 근로자라기보다는 프리랜서라고 판단하는 사람이 많은데, 이는 편집을 완성하면 해당 건에 대해 정해진 돈을 받는 형태로 대부분의 계약이 체결되어서다.

둘째는 업무 과정에서 회사의 지휘나 감독을 받는지 여부다. 영상 편집자가 고정적으로 회사에 출근해 정해진 자리에서 정해진 시간 일하는 경우와 영상 편집을 의뢰받고 자신이 원하

자신이 근로자인지 프리랜서인지는

권리 보호와 관련해

매우 중요한 요소다.

는 곳에서 자유롭게 일하는 경우를 비교해보자. 전자는 근로자 느낌이 나지만 후자는 프리랜서 느낌이 난다. 그러나 이는 단순히 느낌에서 그치지 않는다. 영상 편집을 의뢰받고 결과물만 전달하면 그만일 뿐 어디서, 어느 시간에, 어떤 복장으로 일하든 관리자로부터 간섭받지 않는다면 근로자보다는 프리랜서에 더 가깝다고 볼 수 있기 때문이다.

셋째는 특정 회사나 특정인을 위한 일만 담당하고 있는지 여부다. 편집자가 특정 회사의 영상을 주로 편집하지만 언제든 다른 회사의 영상 편집도 의뢰받아 자유롭게 일할 수 있다면 회사에 소속된 근로자로 보기 어려울 것이다. 근로자성을 판단하는 데 회사에 얼마나 종속되어 있는가는 매우 중요한 요소다.

그렇다면 어떤 경우 근로자로 인정받을 수 있을까? 회사에 오전 9시에 출근해 오후 6시에 퇴근하고, 월급으로 일정 금액을 수령하며, 영상 편집 건수가 일정 건수를 넘어서면 인센티브를 받고, 회사가 아닌 외부에서 편집을 진행하려면 관리자의 승인을 받아야 한다면 그 편집자는 분명 최저임금과 연차휴가 같은 근로기준법상 권리를 주장할 수 있어야 한다.

이런 판단은 회사만이 아니라 개인 크리에이터와 편집자 간의 관계에서도 적용될 수 있다. 만약 개인 크리에이터가 소득이 높아져 사업자등록을 한 상태라면 편집자를 근로자로 고용하는 경우가 발생할 수 있다. 대부분은 편집자와 건당으로 계약을 맺는 것이 일반적이지만, 편집자의 기본급을 책정하고 자기 영상만 독점으로 편집하도록 계약한다면 이는 단순한 프리랜서 계약이 아닌 근로계약으로 볼 수 있다.

다시 강조하지만 자신이 근로자인지 프리랜서인지는 권리 보호와 관련해 매우 중요한 요소다. 편집자 입장에서 영상 편집을 의뢰하는 개인이나 회사로부터 근로자에 준하는 취급을 받고 있는데도 근로자로서의 권리는 전혀 누리고 있지 못하다면 당당하게 자신의 권리를 외쳐야 한다. 꼭 모든 요건을 갖추고 있지 않다 하더라도 전체적으로 종속적 관계에서 일하고 있다면 근로계약서를 작성하고 근로기준법이 정하는 권리들을 누리는 게 마땅하다.

유튜브의 인기가 높아지면서 수많은 유튜버가 쏟아져 나오는 만큼 영상 제작과 편집에 관심을 갖는 사람도 상당하다. 청소년 중에서도 영상 편집 프로그램을 다룰 수 있는 능력자들이 많아지고 있다. 앞으로 그 수는 점점 늘어갈 것이다. 따라서 편집자들의 업무 환경이나 사회적 지위 보호를 위한 고민과 함께 자신이 근로자로서 보호받을 수 있는지 더 꼼꼼하게 판단해보는 게 중요하다.

공무원도 유튜버로
활동할 수 있을까?

||||||||||||||||||||||||||||||||||||||||||

문체부 공무원인 A는 주식 유튜버로 활동하고 있다. A는 자신의 채널만이 아니라 다른 주식 유튜브 채널과 몇몇 증권사 방송에도 주식 전문가 자격으로 출연하곤 했다. 그런데 그 사실이 알려지자 공무원이 주식 방송으로 영리활동을 하는 것 아니냐는 논란이 일었다. 이에 A는 유튜브 채널에서는 별다른 수익이 없고, 주식 방송에 나가긴 했지만 출연료를 받지 않았으며, 주식 강의를 하고 수강료를 받은 적은 있지만 일회성이었기에 큰 문제가 되지 않는다고 주장했다. 따라서 겸직신청 대상이 되지 않는다고도 이야기했다.

점점 증가하는 공무원 유튜버들

많은 사람이 유튜브 채널을 만들어 자신만의 콘텐츠를 올리고 있다. 그중에는 당연히 공무원도 섞여 있다. 아무래도 공무원은 자신이 전문적으로 다루는 일에 대해서 조금 더 알찬 콘텐츠를 선보이는 경우가 많다. 이를테면 교사들은 강의나 정서 교육과 관련한 콘텐츠를 만들 수 있고, 국세청 공무원은 세금 문제에 대한 경험과 지식을 토대로 절세법 같은 이야기를 들려줄 수 있다. 그런데 공무원이 운영하는 유튜브 채널이 늘어나면서 공무원 신분으로 유튜브 채널을 운영해도 되는지, 만약 채널의 인기가 높아져 많은 수익이 발생한다면 공무원의 영리활동으로 문제가 되는 것은 아닌지 궁금해하는 사람이 많아졌다.

유튜버 '궤도'는 어떤 이유로 징계를 받았을까?

2023년 10월 과학 콘텐츠로 인기를 끌던 유튜버 '궤도'가 감사원 감사에서 겸직금지 규정을 어기고 영리활동을 한 것으로 조사되어 한국과학창의재단에서 자진 퇴사해 화제가 되었다. 궤도는 유튜브 채널에서 "직장 내 겸직규정 위반으로 실망을 안겨드린 점에 대해 깊은 사과의 말씀을 드린다"면서 "인사위원회 결과에 따라 정직 처분을 받고 제출한 사직서가 수리돼

창의재단으로부터 퇴사 처리되었다"고 밝혔다. 궤도가 다니던 한국과학창의재단은 공기업에 해당하는 곳이어서 공무원에 준해 영리활동이나 겸직을 할 수 없다. 궤도가 위반한 것으로 알려진 공무원의 '겸직금지'란 구체적으로 무얼 말하는 걸까?

겸직금지 규정상 원칙적으로 공무원은 공무 외에 영리를 목적으로 하는 업무에 종사해서는 안 된다. 단 예외적으로 가능한 영리 목적의 업무의 한계를 하위법령에 위임하고 있는데, 하위법령을 살펴보면 "공무원이 계속적으로 재산상 이득을 목적으로 하는 업무에 종사함으로써 공무원의 직무 능률을 떨어뜨리거나, 공무에 대해 부당한 영향을 끼치거나, 국가의 이익과 상반되는 이익을 취득하거나, 정부에 불명예스러운 영향을 끼칠 우려가 있는 경우에는 그 업무에 종사할 수 없다"라고 되어 있다. 이를 종합해보면 공무원의 영리활동이 전부 금지되는 것은 아니라는 걸 알 수 있다. 반대로 생각하면 공무원이 영리활동을 한다 하더라도 직무 능률을 떨어뜨리지 않고, 국가의 이익에 상반되지 않으며, 정부에 불명예스러운 영향을 끼칠 우려가 없다면 영리활동을 해도 문제가 없다는 말이 된다.

최근 행정부 인사혁신처에서는 '영리업무 및 겸직 허가에 대한 관련 예규'를 만들어 공무원의 인터넷방송과 관련한 기준을 마련했다. 해당 예규에서 유튜브 활동에 대해 언급된 내용은 이렇다.

- 근무시간에는 전적으로 직무 수행에 전념해야 하기에 근무시간 중에 영상을 촬영하는 것은 허용될 수 없다.
- 근무시간 외에 영상을 촬영하는 것은 원칙적으로 가능하다고 볼 수 있으나, 영상을 촬영하는 것이 공무원으로서의 직무 능률을 떨어뜨리면 안 되기 때문에 주 52시간, 1일 12시간을 초과해서는 아니 되고, 그 이하의 시간을 할애한다 하더라도 소속 기관의 장이 영상의 촬영 및 업로드에 소요되는 시간이 직무 능률을 떨어뜨릴 우려가 있다고 인정하는 경우에는 금지할 수 있다.
- 직무와 관련 없는 사생활을 콘텐츠로 하는 경우 그 내용에 대해 규제하지 않지만, 직무와 관련된 영상을 촬영하는 경우에는 소속 부서장에게 사전 보고를 하고 홍보부서와 협의를 거쳐야 한다.
- 공무원으로서 알게 된 비밀을 누설해서는 아니 되고, 공무원으로서의 품위를 유지해야 하며, 정치적인 콘텐츠를 다뤄서는 아니 된다.

이 사항들을 준수한다면 공무원으로서 인터넷방송을 한다 해도 문제가 되지 않는 것이다. 예를 들어, 한 초등학교 선생님이 퇴근 후 집에서 피아노를 치며 동요를 부르는 5분 분량의 콘텐츠를 올렸다고 치자. 그 영상은 근무를 마치고 촬영했고 촬영

직무 능률을 떨어뜨리지 않고,

국가의 이익에 상반되지 않으며,

정부에 불명예스러운 영향을

끼칠 우려가 없다면

공무원의 영리활동도 가능하다.

시간이 다음 날 수업에 방해될 수준이 아니며, 공무원으로서 품위를 손상시킨다거나 정치적으로 해석될 수 없는 내용이 명백하다. 이는 문제가 되지 않을 것이다. 그렇다면 선생님의 브이로그 촬영은 어떨까? 근무시간 중 영상촬영을 원칙적으로 금한다는 규정에 비춰볼 때 학교에 출근해 수업을 진행하고, 행정업무 처리하는 과정을 담았다면 규정에 어긋난다고 볼 수 있을 것이다.

감사원은 궤도가 촬영한 영상 가운데 245개가 자정 이후에 촬영되어 직무 능률을 떨어뜨리는 영리행위로 볼 수 있기에 징계가 필요하다는 의견을 내놓았다. 궤도는 징계가 결정되자 스스로 사직했다. 공무보다 과학 전문 유튜버의 길을 택해 역량을 펼치겠다는 의지였을 것이다.

공무원이 올린 영상에서 수익이 발생한다면?

공무원이 올린 영상에서 수익이 발생한다면 어떻게 해야 할까? 그렇게 된다면 절차에 따라 겸직 허가를 받아야 한다. 유튜브에 영상은 올리지만 수익은 내지 않겠다면 문제가 되지 않지만, 네이버 '치지직'처럼 실시간 송출방송에 출연하는 경우라면 즉각 수익이 발생할 수 있기 때문에 방송에 출연하기로 결정했을 때 겸직 허가를 신청하는 것이 안전하다. 겸직 허가권자는 소속 기관의 장이다. 혹 공무원 임용 전에 이미 수익을 내고 있었다면 임용된 날부터 1개월 이내에 겸직 허가를 받아야만 활동을 지속할 수 있다.

최근 공무원 유튜브 채널들을 살펴보면 큰돈을 벌고자 한다기보다 전문지식을 공유해 많은 사람의 이익에 기여하겠다는 의도를 가진 경우가 많다. 정부는 공무원이 전문지식을 사람들과 공유하는 활동은 적극 권장하겠다는 입장이다. 공무원이 국가의 지침을 준수하면서 전문성 있는 콘텐츠를 올린다면 민원인이 해당 부서나 공무원을 직접 찾는 수고를 덜 수 있을 것이다. 공무원의 콘텐츠 촬영은 분명 장점도 존재하기에 마냥 나쁜 시선으로 바라볼 필요는 없다. 공무원은 규정 안에서 사회 흐름에 맞게 콘텐츠를 생산하고, 정부와 시민은 이를 최대한 지원하는 게 긍정적인 방향이 아닐까 한다.

1인 미디어를 운영하는
공무원이 주의해야 할 점

||||||||||||||||||||||||||||||||||||||||||

공무원인 A는 최근 징계를 받을 위기에 처했다. 근무 시간에 인터넷방송을 진행한데다 수위 높은 노출까지 감행해서다. A는 자기 행동이 왜 문제가 되는지 모르겠다는 입장이지만 징계를 피하기 어려울 것이라는 주변 사람들 이야기에 마음이 무겁다. 도대체 어떤 부분을 잘못한 걸까?

1인 미디어를 운영하는 공무원의 일탈
||||||||||||||||||||||||||||||||||||||||||||||||||||||||||

7급 공무원인 20대 주무관 A가 업무시간에 신체를 노출하는 방송을 송출하다 적발되어 3개월의 정직 처분을 받았다는

이야기가 언론에 보도되어 사람들을 놀라게 했다. 사람들 대부분은 공무원으로서 부적절한 행동이었다며 그 공무원을 향해 질타를 쏟아냈다.

해당 부처는 A의 방송활동을 눈치채지 못하고 있었는데, 방송을 보던 한 시청자가 A가 공무원이라는 사실을 알아채고 국민신문고에 제보하면서 해당 부처는 이 사실을 인지하게 되었다. 곧이어 A에 대한 감사가 시작되었다. 감사 결과 공무원 품위유지의무 위반을 이유로 A에게 정직 3개월이라는 처분이 내려졌다. 이 일이 있기 전에도 비슷하게 화제가 된 사건이 하나 있었다. 7급 공무원 시보로 임명되었던 B가 성인방송 BJ로 활동하며 노출을 감행한 것이 밝혀져 해당 부처가 감사를 진행한 사건이다.

공무원이 유튜브 같은 1인 미디어 매체를 운영해도 되는지는 앞에서 다루었으니 여기서는 공무원이 제작하는 방송 콘텐츠에 어떤 내용을 담을 수 있는지 혹은 담아서는 안 되는지 구체적으로 살펴보겠다.

공무원의 품위유지란 무슨 의미일까?

법은 '공무원은 퇴근 후에도 그 품위가 손상되는 행위를 해서는 안 된다'고 규정하고 있다. 이 말만 보면 뭔가 두루뭉술해

보이는데, 어쨌든 국가는 공무원이 품위를 잘 유지하고 있는지 살피면서 그렇지 못한 공무원에게는 행정처분으로 징계를 내리고 있다. 그렇다면 도대체 그 '품위'라는 게 무엇이기에 이런 논란을 만드는 걸까? '품위'에 대한 정확한 정의를 내리기는 사실 쉽지 않다. 그 기준이 모호하기 때문이다. 판례를 찾아보니 이렇게 나와 있다.

> 공무원의 품위란 공직의 체면, 위신, 신용을 유지하고 주권자인 국민의 수임을 받은 국민 전체 봉사자로서 직책을 다함에 손색이 없는 몸가짐을 뜻하는 것으로서 국민의 수임자로서 직책을 맡아 수행해 나가기에 손색이 없는 인품을 말한다.[2]

이 문장을 보면 더더욱 공무원의 품위가 무엇인지 알기 어려운 것 같다. 판례에서 언급한 품위를 좀더 쉽게 해석해보자면 이렇다. 곧 법이 금지하는 것과 도덕적으로 비난받을 행위는 하지 말고, 약속은 잘 지켜야 한다는 것. 도덕적으로 비난받는다는 것 역시 모호한 기준이긴 하지만 국민의 도덕감정에 비춰 '이건 좀 아니지 않아?'라는 생각이 강하게 드는 행동으로 손가락질을 받게 되었다면 공무원의 품위를 지키지 못했다고 판단할 수 있을 것 같다.

그러면 앞에서 언급했던 사안으로 돌아가보자. 공무원이

공무원의 품위란

곧 법이 금지하는 것과

도덕적으로 비난받을 행위는

멀리하고 약속은 잘 지키는 것.

인터넷방송에 출연해 자기 신체를 노출한 것은 공무원의 품위를 손상시킨 행위일까? 사무실에서 신체 일부를 몰래 보여주며 음란한 영상을 송출했다면 당연히 공무원의 품위를 손상시킨 행위로 판단할 수 있을 것이다. 정보통신망법은 인터넷을 통해 음란한 영상을 배포하지 못하도록 규정하고 있기 때문이다. 곧 공무원이 인터넷방송에서 음란한 모습을 송출했다면 위법한 행위를 한 것으로 해석될 수 있고, 형사처벌 여부와 상관없이 일반 상식에서 벗어난, 곧 공무원의 품위를 손상시킨 행위로 볼 수 있는 것이다.

공무원이라면 정치적 중립을 지켜야

1인 미디어를 운영하는 공무원이 특히 주의해야 하는 사항 가운데 하나가 정치적 중립 의무를 위반하는 영상을 올리지 않아야 한다는 것이다. 헌법 제7조 제2항에서 공무원의 정치적 중립을 요구하고 있고, 그것을 구체화하는 여러 법률이 존재하기 때문이다. 대표적으로 공무원은 선거기간에 선거운동을 할 수 없고, 특정 정당이나 후보자의 업적을 홍보하는 행위를 해서는 안 된다.

이를테면 평소 유튜브 채널을 운영하는 공무원 C가 대통령 선거 유세기간 중에 라이브 영상을 송출하던 도중 특정 후보의

TV 토론에 대해 비판적 의사를 드러냈다고 해보자. 이때 C는 그저 토론회를 보고 느낀 점을 평론하듯 이야기한 것이며, 특정 후보를 찍어달라고 요구한 적이 없기에 선거운동에 해당하지 않는다고 주장할 수 있다. 그러나 C의 방송은 특정 후보에 대한 부정적 이미지를 심어줌으로써 선거운동을 한 것으로 볼 여지도 존재한다. 단순히 특정 후보의 토론이 부실하다는 정도의 이야기를 했다고 해서 소속 부처나 법원이 특정 후보를 반대하기 위한 투표 권유운동으로 판단하지는 않겠지만, 어쨌든 공무원 신분이기에 자칫 징계의 위험을 떠안을 수도 있는 것이다. 따라서 정치와 관련한 콘텐츠를 제작할 때는 각별히 조심해야 한다.

직무상 알게 된 비밀이라면?
||||||||||||||||||||||||||||||||||||||||||||||||||||

공무원은 공무 중 알게 된 비밀을 누설하지 말아야 한다. 재직할 때는 물론 퇴직 후에도 마찬가지다. 공무원이 비밀을 누설하면 근거법에 따라 징계를 받을 수 있다. 그렇다면 준수해야 한다는 비밀의 범위는 구체적으로 어디까지일까? 법으로 비밀로 해야 하는 사항들을 일일이 나열하기는 어렵다. 따라서 어떤 경우 비밀에 해당하는지에 대한 기준이 필요하다. 법원은 공무원이 준수해야 하는 비밀이란 반드시 법령에 따라 규정된 비밀에 한하지 않고, 필요에 따라 비밀로 부쳐진 사항은 물론 정부

나 국민이 객관적, 일반적 입장에서 외부에 알려지지 않는 것에 상당한 이익이 있다고 생각하는 사항을 포함한다고 해석하고 있다. 곧 외부에 공개되어 국민이나 국가에 손해를 끼칠 수 있는 사항은 원칙적으로 비밀로 보호해야 한다는 입장이다.

이와 관련해 특별히 주의해야 할 부분은 퇴직 공무원의 개인 방송이다. 최근 자신만의 특별한 경험을 주제로 각종 미디어에 채널을 개설하는 사람이 늘고 있다. 특정 분야에서 오래 일한 사람은 일반인이 모르는 뒷이야기들을 콘텐츠로 올리고 싶은 유혹을 받는다. 그런데 이렇게 자기 경험을 영상으로 제작하다 보면 비밀 또는 보안사항이어서 공개되지 않아야 하는 내용까지 언급하는 실수를 저지를 위험이 크다. 이는 퇴직 후에도 공무상 알게 된 비밀을 누설하지 않도록 한 법규정을 위반하는 일이다. 따라서 나중에 법적으로 큰 어려움에 처하지 않으려면 콘텐츠를 올리기 전 한 번 더 신중하게 검토하는 작업을 거치길 바란다.

회사 몰래
유튜브 방송을 해도 될까?

||||||||||||||||||||||||||||||||||||||||||||

중견기업에 다니는 A는 최근 아파트 전세를 구했다. 전세 가격이 상당히 부담스러웠지만 집이 마음에 들어 대출까지 받아 계약을 했다. 회사에서 받은 월급으로 착실히 대출을 갚을 계획이지만, 회사 월급은 늘 부족한 법! 부업이라도 해서 부족한 월급을 보충해야겠다고 마음먹는다. 부업으로 어떤 걸 해볼까 고민하던 차에 유튜브가 괜찮겠다는 생각이 들었다. 그런데 '유튜브를 한다는 걸 회사가 알면 문제가 생기지 않을까?' 하는 걱정이 든다. 그렇다고 회사에 유튜브를 한다는 걸 알리고 싶지도 않다. 회사 몰래 유튜브를 해도 괜찮을까?

회사 모르게 하고 싶은데…
||||||||||||||||||||||||||||||||||||||||||||||||

바야흐로 N잡 시대다. 두 개 이상의 직업을 가진 N잡러를 주변에서 쉽게 볼 수 있다. 2023년 하반기에 잡코리아와 알바몬이 진행한 설문조사에 따르면, 직장인 응답자 982명 중 89%가 본업과 병행해 N잡을 한 경험이 있다고 답할 정도였다.

N잡을 통해 자기계발도 하고 부수입도 얻으면 일거양득이지만, 직장인이라면 아무래도 신경이 쓰일 수밖에 없다. 유튜버로 활동하고 있다는 사실을 회사에서 알면 좋지 않게 볼 수도 있기 때문이다. '회사 생활이 편해서 유튜브를 하는 건가?'라고 생각하며 곱지 않은 시선을 보내는 상사도 있기 마련이라 웬만하면 회사 몰래 유튜브 활동을 하고 싶은 마음이 들 수 있다.

그런데 유튜브를 하면 회사가 알 수 있을까? 결론부터 이야기하면 공개적으로 유튜브를 하거나 직원이 회사에 알리지 않는 한 일반적으로는 회사가 직원의 유튜브 활동 여부를 알기는 어렵다. 회사는 직원의 월급에서 4대보험(건강보험, 국민연금, 고용보험, 산재보험) 보험료를 먼저 공제한 뒤(다른 말로 원천징수한 뒤)에 나머지 금액을 지급한다. 보험료는 소득에 비례해 산정되는데, 유튜브로 추가 소득이 발생하면 이 사실이 회사에 통보되지 않을까 걱정하는 사람들이 있다. 과연 그럴까?

먼저 건강보험을 살펴보자. 월급 이외의 수입이 발생하더라도 국민건강보험공단이 그 사실을 회사에 직접 통지하지는 않는다. 다만, 추가로 건강보험료를 납부해야 할 수는 있다. 직장가입자는 월급 외 소득이 연간 2000만 원을 초과하면 초과분에 대해 추가 보험료를 낸다. 예를 들어, 월급 외 소득이 연간 3000만 원이면 초과분인 1000만 원에 대해 보험료를 더 내는 것이다. 참고로, 2022년의 보건복지부 자료에 따르면, 월급 외 소득이 2000만 원을 초과하는 사람은 전체 근로자의 약 2% 정도라고 한다.

국민연금은 조금 다르다. 국민연금 보험료는 월 소득의 9%인데, 상한액과 하한액이 정해져 있어 국민연금 보험료가 무한정 계속 증가하지는 않는다. 2024년 기준으로 국민연금의 기준소득월액 상한액은 617만 원이다. 이 말은 월소득이 617만 원 이상인 사람은 620만 원을 벌든 1000만 원을 벌든 55만 5300원(617만 원의 9%)의 국민연금 보험료를 내면 된다는 의미다. 그런데 원래는 기준소득월 상한액을 넘지 않았는데 유튜브로 국민연금 기준소득월 상한액이 넘어가게 되면 국민연금 보험료를 조정해야 할 필요가 생기고, 국민연금은 이 사실을 회사에 통보한다. 물론 이 경우라 하더라도 무엇을 해서 소득이 증가했는지는 정확히 알 수 없으므로 회사 입장에서는 '월급 이외에 다른 소득이 있구나' 하는 정도로 추측할 수는 있지만 유튜브를 하고 있다는 사실을 직접 알기는 어렵다.

유튜버로 활동하다 걸리면 징계?

|||||||||||||||||||||||||||||||||||||||||||||||||||

회사 몰래 유튜브를 하더라도 회사가 알 가능성이 높지는 않지만, 세상에 완전한 비밀이란 없고 어떤 경로로든 회사가 알 수도 있다. 만약 이런 일이 생긴다면 회사에서 징계를 받을까?

"공무원도 유튜버로 활동할 수 있나요?"에서 자세히 살펴본 것처럼 공무원이나 공기업 직원은 원칙적으로 영리활동이 금지된다.[3] 직업 특성상 공적 업무에 전념해야 해서다. 하지만 일반 사기업에 다니는 사람의 경우에는 원칙적으로 영리활동이 제한되지 않는데, 헌법상 직업의 자유가 보장되기 때문이다. 헌법은 누구나 직업의 자유를 가진다고 규정하고 있다. 달리 말해, 어떤 직업을 선택할지는 각자의 자유이며 직업을 한 개 갖든, 두 개 갖든 그건 각 개인이 알아서 정할 문제인 것이다.

원칙은 그렇지만 겸직이나 N잡이 아무 문제가 없는지 살펴보려면 회사의 '취업규칙'을 자세히 들여다봐야 한다. 회사에는 '취업규칙'이라는 게 있는데, 취업규칙은 노사 간의 집단적 법률관계를 규정하는 법규범이다.[4] 쉽게 말해 근로자의 근무에 관한 여러 사항(임금, 휴가, 징계 등)을 정한 회사 내부의 법이 바로 취업규칙이다. 많은 회사는 취업규칙에 아래와 같이 겸직을 금하는 규정을 두고 있다.

헌법은 누구나 직업의 자유를
가진다고 규정하고 있다.
어떤 직업을 택할지는 각자의 자유이며
직업을 한 개 갖든, 두 개 갖든
그건 각 개인이 알아서 정할 문제다.

직원은 직무 이외의 영리를 목적으로 하는 업무에 종사해서는 안 되며, 다른 직무를 겸하고자 할 때는 회사의 허가를 받아야 한다.

취업규칙은 회사 내부에서 보면 일종의 법이라서 근로자가 취업규칙을 위반하면 징계를 받을 수도 있다. 회사에서 취업규칙을 통해 겸직을 금하고 있는 상황에서 유튜브 방송을 하다 걸렸다면 정말 징계를 받는 걸까? 회사가 직원에게 내리는 징계가 적법한지는 구체적인 상황에 따라 달라지겠지만, 겸직 금지에 관한 취업규칙을 위반했다는 이유만으로 징계를 하는 건 쉽지 않다.

물론 회사에서 근무하는 시간에 다른 일을 하거나, 부업에 매진한 나머지 회사 업무에 지장을 초래했다면 징계가 가능할 것이다. 하지만 근무시간 이외의 시간을 활용해 부업을 하고, 회사 업무는 회사 업무대로 잘 처리한다면 부업 자체를 징계 사유로 삼기는 어렵다.

실제 사례를 보자. 2001년에 선고되어 다소 오래된 판례기는 하지만, 겸직 금지에 대한 선도적 사례여서 중요한 의미가 있다. A는 자동차부품 제조회사에서 기술연구팀 반장으로 근무하다가 어느 날 해고되었는데, 해고 사유 중 하나가 겸직을 했다는 것이었다. A가 다닌 회사의 취업규칙에는 "회사의 허가 없이 타업무 및 타직장에 종사한 자"를 징계·해고할 수 있다고 규정하고 있는데, A는 회사에 다니는 동안 개인적으로 작은 다방을 운영했다.

이 사건에서 법원은 A가 다방을 운영했다는 이유만으로 A를 해고할 수는 없다고 판결했다.[5] 근로자가 다른 사업을 겸직하는 것은 근로자 개인의 사생활에 속하는 문제이므로 겸직을 전면 금하는 건 부당하다고 본 것이다. 이 판례를 가지고 정리해보자면 회사 업무에 지장을 주지 않는 선에서 유튜브 방송을 하는 건 크게 문제가 되지 않을 가능성이 높다. 하지만 주의해야 하는 부분도 있다. 회사와 이해관계가 충돌할 우려가 있거나 회사에 불이익을 초래할 수 있는 행동은 조심해야 한다. 예를 들어, 증권회사에 다니는 직원이 유튜브 채널을 개설해 주식투자를 권유하는데, 증권회사의 공식 입장과 다른 의견을 제시한다면 징계를 받을 수 있다.

또 회사의 내부 사실을 외부에 알리는 것도 유의해야 한다. 근로자는 회사에 소속되어 회사 일을 하는 사람이므로 기본적으로 회사의 이익을 배려해야 할 의무를 지닌다. 만약 근로자가 회사의 내부 사실을 외부에 알려 회사의 비밀이 노출되거나 명예가 훼손된다면 징계 사유가 될 수 있다. 예컨대, 전자회사에 다니는 사람이 회사가 비밀리에 개발 중인 제품 정보를 외부에 공개하는 경우다. 물론 실제로 징계가 가능한지에 대한 판단을 하려면 외부에 알린 내용과 사실 여부, 알리게 된 경위와 목적,

알린 방법 등을 종합적으로 고려해야 한다. 하지만 괜한 문제에 휘말리지 않으려면 가급적 회사에 관한 일은 유튜브에서 언급하지 않는 게 좋다.

아동용 콘텐츠를 만들 때
신경 써야 할 부분은?

||||||||||||||||||||||||||||||||||||||||||||

A는 두 자녀를 키우는 부모다. 아이들과의 추억을 담아두려는 생각으로 일상을 담은 브이로그 영상을 유튜브에 올렸다. 그런데 영상 반응이 뜨거웠다. 가벼운 마음으로 시작했는데 시청자들 반응을 보니 단순한 취미활동 이상으로 해봐도 되겠다는 생각이 들었다. 그렇게 A는 아이들과 함께 본격적인 유튜브 활동을 시작했다. 콘텐츠는 주로 아이들이 장난감을 가지고 노는 것이다. 채널이 점점 성장하면서 A의 수익도 늘어났다. 그런데 A처럼 아동·청소년용 콘텐츠를 만들 때 특별히 신경 써야 하는 부분이 있을까?

황금알을 낳는 아동용 콘텐츠
||||||||||||||||||||||||||||||||||||||||||||||||

유튜브 영상 중에서도 아동용 콘텐츠는 인기가 높은 편이다. 어른만이 아니라 아이들도 유튜브의 주요 시청자다. 산만한 행동과 소음으로 부모를 힘들게 하던 아이도 유튜브 영상을 틀어주면 잠잠해진다. 또 아이들은 한번 영상에 꽂히면 열 번이고 스무 번이고 반복해 시청한다. 유튜브에서 수익 창출을 결정하는 가장 큰 요인은 시청 시간인데, 반복해서 영상을 보니 시청 시간은 자연스럽게 늘어난다. 또 아동용 영상은 언어가 차지하는 비중이 크지 않다. 한국만이 아니라 전 세계의 유튜브 이용자가 잠재적 시청자인 셈이다.

아동용 콘텐츠로 이른바 대박을 친 유튜브로는 '보람튜브 브이로그'가 있다. 키즈 유튜브인 보람튜브는 아이의 일상을 담은 영상이나 장난감을 가지고 노는 영상을 주로 올리는 채널인데, 미국의 유튜브 채널 분석 사이트에 따르면, 보람튜브는 구독자 수가 1757만 명으로 연간 수익은 270만 달러(31억 8000만 원)~4250만 달러(약 500억 5000만 원)에 달하는 것으로 추산했다(2019년 기준, 2024년 현재는 약 3080만 명).

아동용 콘텐츠는 잘만 하면 상당한 수익을 보장하는 '황금알을 낳는 거위'가 될 수 있다. 하지만 아동용 콘텐츠를 만들 때 유념해야 할 점은 아동은 돈을 벌게 해주는 고객이기 이전에 보호해야 할 대상이라는 점이다. 그래서 각국 정부는 아동용 콘텐츠에 대해 일정한 규제를 가하고 있는데, 대표 사례가 미국의 '아동 온라인 프라이버시 보호법Children's Online Privacy Protec-tion Act'이다.

'아동 온라인 프라이버시 보호법'은 미국의 연방법으로 상업적 목적으로 아동의 개인정보를 수집하는 웹사이트 운영자에게 적용된다. '나는 한국에서 한국 사람을 대상으로 유튜브를 하고 있기에 미국 법과는 아무 상관이 없는데?'라고 생각할 수 있지만 그렇지 않다. '아동 온라인 프라이버시 보호법'은 미국에 기반을 둔 기업(구글)이 미국 외 아동의 개인정보를 수집하는 경우에도 적용되기 때문이다. '아동 온라인 프라이버시 보호법'에 따라 모든 유튜버는 콘텐츠가 아동용인지 여부를 설정해야 한다. 아동용 콘텐츠인지 아닌지를 구별하는 기준은 뭘까?

구글은 크게 두 가지 기준을 제시하고 있다. 첫째, 주요 시청자층이 아동인 콘텐츠다. 대체로 아동이 많이 본다면 아동용 콘텐츠라는 것인데, 결과론적인 해석이기는 하지만 직관적 기준이다.

둘째, 아동이 주요 시청자층은 아니더라도 아동 시청자층을 대상으로 하는 배우, 캐릭터, 활동, 게임, 노래, 스토리가 나오거나 그 밖의 아동용 주제를 다루는 콘텐츠도 아동용 콘텐츠로 본다.

아동은 돈을 벌게 해주는

고객이기 이전에

보호해야 할 대상이라는 점을

명심해야 한다.

아동용 콘텐츠는 보통의 콘텐츠와 무엇이 다를까? 아동용 콘텐츠에 대해서는 댓글, 알림 같은 일부 기능이 제한된다. 또 아동용 콘텐츠에는 개인 맞춤 광고가 게재되지 않는다. 일반적으로 개인 맞춤 광고의 광고 단가가 높기 때문에 개인 맞춤 광고가 게재되지 않으면 유튜버로서는 수익이 줄어들 수 있다. 하지만 관련 법령에 따른 것이니 어쩔 수 없는 측면이 있다. 이를 피하기 위해 아동용 콘텐츠인데도 아동용 콘텐츠가 아니라고 설정하면 구글이 채널에 대해 조치를 취할 수 있다는 점을 유의하자.

보호가 필요한 청소년 출연자

아동용 콘텐츠가 아니더라도 콘텐츠를 만들면서 아동이나 청소년을 출연시키는 경우가 종종 있다. 이럴 때는 성인 출연자만 있는 때와 달리 특별히 주의해야 할 사항이 몇 가지 있다.

'대중문화예술산업발전법'은 청소년 출연자 보호에 관해 규정하고 있는데, 이때의 청소년은 만 19세 미만의 사람(만 19세가 되는 해의 1월 1일을 맞이한 사람은 제외)을 말한다. 청소년은 공부도 해야 하고, 충분히 쉬면서 잠도 푹 자야 한다. 그래서 청소년의 유튜브 촬영시간이 제한된다.

촬영시간은 연령에 따라 약간의 차이가 있다. 15세 미만의 청소년은 일주일에 최대 35시간까지 촬영할 수 있다.[6] 15세 이상의 청소년은 일주일에 40시간까지인데, 당사자와의 합의에 따라 1일 1시간, 일주일에 6시간까지 연장할 수 있다. 원칙적으로는 일주일에 최대 35시간(또는 40시간)이지만, 국외 활동을 위한 이동이나 장거리 이동 등 정당한 사유가 있는 경우에는 예외가 인정된다.

청소년에게는 충분한 수면이 중요하므로 야간 촬영도 제한된다. 오후 10시부터 오전 6시까지는 촬영할 수 없다. 다만, 친권자인 부모의 동의를 받으면 밤 12시까지는 촬영할 수 있는데, 만 15세 미만이라면 다음 날이 학교 휴일이어야 자정까지 촬영이 가능하다. 〈미스터트롯1〉을 방송하던 2020년에 당시 미성년자이던 정동원을 새벽 방송에 출연시켜 법 위반 논란이 일기도 했다.

청소년을 출연시켰을 때 출연료는 부모에게 주는 게 일반적이다. 대부분의 부모는 자녀의 돈을 잘 관리하겠지만 그렇지 않은 부모도 있다. 부모가 자녀의 출연료를 꿀꺽하는 문제를 예방하기 위해 청소년은 직접 출연료를 달라고 요구할 수 있다. 이때는 부모가 아니라 청소년에게 출연료를 지급해야 한다.[7]

원래 계약은 자유롭게 체결하는 게 원칙이다. 이걸 '사적자치의 원칙'이라 부르는데, 쉽게 말해 계약 당사자들이 알아서 하라는 의미다. 모든 계약이 공평한 건 아니고 한쪽에게 다소 유리하거나 불리한 계약도 있기 마련이지만, 어쨌든 계약을 한 이상 지켜야 한다. 그런데 청소년과 체결한 유튜브 출연 계약은 약간 다르다. 청소년과 체결한 계약이 해당 청소년에게 뚜렷하게 불리하면 문화체육관광부 장관은 계약을 수정하라고 권고할 수 있다.

아동학대는 절대 금지!

많은 사람의 관심을 끌겠다는 욕심이 앞서면 콘텐츠를 자극적으로 만들고 싶은 유혹을 느끼게 된다. 유튜버라면 다들 시청자의 흥미를 끄는 콘텐츠를 기획하고 싶겠지만, 그렇다 하더라도 적정 선은 반드시 지켜야 한다. 만약 그 선을 지키지 못하고 아동에게 과도한 행동을 요구하면 아동학대가 될 수도 있다.

어떤 행동이 아동학대인지는 '아동복지법'에 규정되어 있다. 아동복지법은 아동의 건강이나 복지를 해치거나 정상적 발달을 저해할 수 있는 일체의 폭력이나 가혹행위를 아동학대로 본다. 신체적 폭력만이 아니라 정신적 폭력이나 성적 폭력도 아동학대의 일종이다. 그리고 보호자가 아동을 제대로 돌보지 않는 것도 아동학대다.[8] 아동학대의 범위가 꽤 넓다는 걸 유념하길 바란다.

보람튜브는 엄청난 인기를 누렸지만 아동학대 논란도 꾸준히 일었다. 보람 양을 장난감 자동차에 태운 뒤 실제 자동차가 달리는 도로에서 영상을 촬영한 것을 두고 신체적 학대라는 지적이 있었고, 임신, 출산 같은 상황극을 설정해 아직 어린 보람 양에게 억지 연기를 하게 만든 것을 두고 정서적 학대라는 비판이 제기되었다. 이에 한 아동보호단체는 보람 양의 부모를 아동학대 혐의로 경찰에 고발하기도 했는데, 서울가정법원은 보람 양 부모에게 아동보호전문기관의 상담을 받으라는 보호처분을 내렸다.

외국의 한 유튜버는 아동학대 혐의로 형사처벌을 받기도 했다. 여섯 아이의 엄마인 프랭크는 2015년부터 가족과 함께 유튜브 채널을 운영했는데, 자신의 육아 경험을 전달하는 콘텐츠를 제작하며 한때 230만 명의 구독자를 확보할 정도로 인기를 끌었다. 그런데 집에 감금돼 있던 프랭크의 열두 살 아들이 창문으로 탈출해 이웃에게 도움을 요청하면서 아동학대 사실이 세상에 알려졌다. 조사 결과 그녀는 자신의 지시를 따르게 하려고 자녀들을 가혹하게 학대했다. 아이들을 발로 걷어차거나 머리를 물에 담가 질식시키는 등 끔찍한 체벌을 가했고, 충분한 음식과 수분 섭취 없이 몇 시간 동안 육체노동을 시킨 적도 있었다. 법원은 그녀에게 최대 30년의 징역형을 선고했다.

만만해 보이는
유튜브 뒷광고와 의료광고
|||||||||||||||||||||||||||||||||||||||

먹방 인기 유튜버 A가 방송 초창기 올렸던 몇 개의 영상에 광고 표기를 하지 않아 논란이 일었다. 많은 구독자가 A에게 해명을 요구하자 당황한 A는 모든 영상을 내리고 사과문을 올리기에 이르렀는데, 단순히 광고 표기를 하지 않은 게 사과문까지 올릴 정도로 잘못한 일일까? 한편, 유튜버 B는 머리카락이 점점 빠져 고민이었다. 그러던 중 한 병원에서 머리를 심었다. 그러고는 점차 변화해 가는 자기 모습을 영상으로 올리면서 이식이 너무 잘 되었다고 자랑했다. 그 영상을 보면 B가 어느 병원에서 시술을 받았는지 한눈에 알 수 있다. B의 행동에는 아무런 문제가 없는 걸까?

뒷광고를 조심하자!
||||||||||||||||||||||||||||||

유튜브 콘텐츠를 시청하다 보면 '뒷광고'라는 단어를 종종 접한다. 이를테면 특정 제품이 너무 좋다고 칭찬하거나 음식이 맛있다는 표현을 조금 과하게 하면 상대 출연자가 "이거 뒷광고 아니죠?"라는 말을 농담처럼 건네곤 한다. 여기서 말하는 '뒷광고'란 '특정 업체로부터 대가를 받고 유튜브 콘텐츠에 광고 제품을 등장시켰음에도 유료 광고임을 표기하지 않는 경우'를 말한다. 뒷광고로 유튜브 채널을 접은 사례까지 있을 정도니 해서는 안 되는 일인 것 같기는 한데, 도대체 법적으로 무엇이 문제이기에 사람들이 이처럼 민감하게 반응하는 걸까? 뒷광고의 법적 쟁점을 한번 살펴보자.

결론부터 말하자면 뒷광고는 '표시광고법' 위반에 해당한다. 표시광고법에서는 소비자를 기만하는 '부당한 광고행위'를 금지하고 있기 때문이다. 표시광고법을 위반하면 처벌을 받을 수 있다. 유튜브를 통해 돈을 벌어보려고 광고를 받았는데 이것 때문에 처벌을 받는다니 너무 무서운 일 아닌가. 물론 모두 처벌받는 건 아니지만 그래도 미리 조심해 난처한 상황에 처하지 않는 게 좋겠다.

그렇다면 무엇을 어떻게 조심해야 하는 걸까? 그 답은 공정거래위원회에서 규정한 '추천·보증 등에 관한 표시·광고 심사

지침'에 잘 나와 있다. 이 지침에 따르면 이렇다.

첫째, 유튜브에서 돈을 받고 제품을 소개할 때는 '광고'라는 걸 알 수 있게 표시문구를 넣어야 한다. 이때 문구를 댓글로 써놓거나 '더보기'를 눌러야만 확인할 수 있게 해서는 안 된다.

둘째, 표시문구는 쉽게 인식할 수 있는 문자 형태여야 한다. 문자 크기가 사람들이 발견하기 어려울 정도로 작거나 색상이 배경과 유사해 식별하기 힘든 경우에는 정당한 표시로 인정되지 않을 수 있다.

셋째, 광고라는 걸 표시하는 문자는 원칙적으로 한글을 사용해야 한다. '유료 광고'라고 표시하지 않고 'AD'라고 표시해서는 안 된다는 말이다.

이 사항들을 준수하면서 콘텐츠를 제작한다면 표시광고법 위반으로 처벌받거나 제재받을 일은 없을 것이다.

뒷광고는 법적 처벌을 떠나 시청자들에게 큰 배신감을 안겨준다. '내돈내산'이라는 키워드로 검색되는 리뷰가 알고 봤더니 뒷광고였을 때 시청자가 받는 충격은 무척 크다.

일상에 필요한 여러 제품이나 맛집 등 경험해 봤거나 구매해 먹어본 것들에 대해 진솔하게 이야기하는 영상은 시청자로부터 긍정적인 반응을 얻는다. 특히 사람들은 유튜버를 동네 친구처럼 친근하게 생각하는 경향이 있어서 내가 좋아하는 유튜버가 진심으로 추천하는 제품에 호감을 갖기 쉽다. 이런 마음으로 영상을 보던 이들이 유튜버의 리뷰가 사실 돈을 받고 한 쇼였다는 걸 알게 되었을 때의 실망감과 배신감은 이루 말할 수 없을 것이다. 혹 유튜브를 꿈꾸고 있는 사람이라면 반드시 유의해야 하는 지점이다.

의료광고는 유튜버의 길이 아니다

뒷광고 논란으로 시끌벅적했던 시기, 한편에서는 의료법 위반을 이유로 사과 영상을 올린 유튜버가 있었다. 어떤 일이었을까?

의료법에는 의료인이 아닌 사람이 의료광고를 해서는 안 된다는 조항이 있다. 곧 비의료인이 행하는 의료광고는 불법이다. 의료인이 아니라면 자신이 주인공으로 나오는 영상에서 돈을 받고 의료기관이나 의료인에 대한 정보를 소비자에게 알려서는 안 된다는 말이다.

이처럼 돈을 받고 의료기관을 광고해서는 안 된다는 규정이 있다 보니 한편에서는 "나는 광고비를 전혀 받지 않았다. 그저 협찬일 뿐이다"라는 주장을 펴기도 한다. 다시 말해 광고비를 받은 건 아니고 그저 치료비만 내지 않았을 뿐이라는 것인데, 협찬이면 광고가 아닌 걸까? 오묘한 말장난 같다. 광고가 무엇인지 알아보면 답은 쉽게 찾을 수 있다.

'내돈내산' 리뷰가
알고 봤더니 뒷광고였을 때
그 충격은 무척 크다.

표시광고법에 따르면, 광고란 '자기 또는 다른 사업자 등에 관한 사항 및 자기 또는 다른 사업자의 상품 등의 내용, 거래 조건, 그 밖에 그 거래에 관한 사항을 소비자에게 널리 알리거나 제시하는 것'을 말한다. 이렇게 써놓고 보니 너무 어려운 설명인 것 같은데, 쉽게 표현하자면 병원이 어떤 치료를 했고, 그 치료로 어떤 효과가 나타났는지 소비자에게 알리는 행위는 광고에 해당한다는 말이다.

또 표시광고법에 근거해 만들어진 '추천 보증 등에 관한 표시광고 심사지침'을 살펴보면, 광고주로부터 제품 같은 경제적 대가를 받고 추천하는 경우에는 그것이 광고에 해당한다는 사실을 명확히 게재해야 한다는 내용이 담겨 있다. 곧 현금을 받는 행위나 제품을 받는 행위가 동일하게 경제적 대가를 받는 행위라는 이야기다. 따라서 협찬과 광고비를 받는 사례가 다르다고 볼 수 없다.

2024년 초 보건복지부 의료광고 자율심의기구는 위법성이 상당하거나 위법한 정황이 있는 광고 366건을 적발했다고 밝혔다. 자율심의기구는 특히 유튜브나 소셜미디어처럼 전파력이 큰 온라인 매체를 중심으로 불법 의료광고를 찾아냈다. 내용 별로는 자발적인 후기를 가장한 치료 경험담이 183건으로 가장 많았다. 보건복지부는 거짓이나 과장된 후기를 올린 비의료인에 대해서도 관할 보건소를 통해 형사고발 등의 조치를 취할 계획이라고 밝혔다.

이를테면 모발이식 같은 미용 시술을 포함한 의료 서비스를 무상으로 지원받고 자발적인 후기를 가장한 유튜브 영상을 올리는 것은 협찬을 받고 의료행위에 대한 광고를 한 것으로 볼 수 있고, 이는 의료법 제56조 제1항을 위반한 행위가 되는 것이다. 특히 성형수술이나 미적 효과를 위한 시술을 콘텐츠로 삼는 경우라면 자신의 영상이 의료법에 저촉되는 것은 아닌지 정확히 따져봐야 한다.

뒷광고나 의료광고 위반은 작은 욕심에서 시작된 실수일 수 있다. 하지만 법이 금지하는 행위에 실수라는 변명은 결코 방패막이가 되어주지 못한다. 광고가 들어오는 일은 무척 뿌듯하고 기쁜 일이겠지만 사소해 보이는 문제가 큰 성과를 무너뜨릴 수 있다는 걸 명심하면서 법을 위반하지 않도록 세심히 신경 쓰기를 바란다.

무서운 술방의 인기

||||||||||||||||||||||||||||||||||||||

평소 연예인들의 진솔한 이야기를 들려주는 토크쇼를 좋아하는 A는 점점 늘어가는 유튜브 술먹방 토크쇼도 즐겨보는 편이다. 방송사나 유튜브의 일반 인터뷰에서는 느낄 수 없는 자유분방함과 느슨함이 술먹방 영상에서는 느껴지기 때문이다. 마치 인기 있는 연예인과 가까운 친구가 된 기분이었다. 그렇게 술먹방 콘텐츠를 즐기던 A는 언제부터 음주에 대한 경고문구가 영상에 등장하는 걸 보게 되었다. 마치 담배 포장지에 적힌 경고문구처럼 음주에 대한 경고문구가 나오자 술 마시는 장면이 마냥 즐겁게 보이지 않았다.

먹방을 넘어 술방으로!
||||||||||||||||||||||||||||||||||||||

근래 유튜브의 대세 콘텐츠로 자리 잡은 유형은 바로 '술방'이다. 음식을 먹으면서 시청자와 소통하던 '먹방'을 넘어 술 한 잔 곁들이며 진솔한 이야기를 나누는 콘텐츠에 시청자들이 재미있어하며 모이는 것이다.

점점 유튜브 시장이 1인 미디어를 넘어 방송국 못지않은 전문 콘텐츠 시장으로 변모하고 있는 듯하다. 콘텐츠 출연진 또한 연예인들로 채워지는 것 같다. 연예인이 출연하는 대표 예능 콘텐츠는 단연 토크쇼다. 진행자와 게스트가 마주앉아 여러 대화를 나누는 것이 수십 년 이어진 일반적인 방송 유형이기에 가끔 지루한 느낌을 받기도 하는데, 이런 지루함을 이겨내기 위해 많이 시도되는 콘텐츠가 술방인 것이다.

술을 마시면서 게스트들과 천천히 가까워지는 모습, 먼 세상 존재처럼 여겨졌던 연예인이 술에 취해 망가지는 모습을 보면서 사람들은 친근감과 신기함을 동시에 느낀다. 조회수가 폭발적으로 증가하는 건 당연하다. 술방이 연예인 콘텐츠의 전유물은 물론 아니다. 유튜브가 아닌 스트리밍 미디어 출연자들도 술을 마시며 자기 이야기를 꺼내거나, 동료 크리에이터들끼리 삼삼오오 모여 술방을 열기도 한다. 워낙 술방이 많아져서인지 이제는 특별하다거나 거부감이 느껴지지는 않지만, 불과 몇 년

전만 해도 방송에서 술을 마신다는 게 쉽게 볼 수 있는 상황은
아니었다.

술방의 위험성과 제재 수단

술방이 재미를 줄 수 있다는 점 자체를 부정하는 사람은 없
을 것이다. 그러나 술방이 누구에게나 유익할 것인가 하는 점에
대해 생각하면 여러 의견이 나올 것이다. 사람들 대부분은 술의
위험성을 잘 인지하고 있다. 술은 즐길 수 있을 정도로만 마시
자는 생각을 많은 사람이 가지고 있다. 그러나 이는 어디까지나
이상적 답안이고, 세상 모든 사람이 이상적 답을 따라 살 수는
없다. 특히 청소년이라면 더더욱 그렇다.

청소년은 유튜브, SOOP, 트위치, 치지직 같은 매체를 통해
언제든 여러 콘텐츠를 접할 수 있다. 거실에서 가족이 모여 함
께 TV를 보던 과거와 달리 혼자 방에 들어가 스마트폰으로 자
기가 보고 싶은 콘텐츠를 자유롭게 소비하는 게 가능한 시대다.
당연히 술방에도 제재 없이 접근할 수 있다. 술을 마시면서 즐
거워하는 어른들 모습을 보면서 그 자리에 대한 호기심이 생길
수도 있는 것이다.

이런 상황이 이어지자 술방에 대한 제재가 필요하다는 의
견이 도출되기 시작했다. 이에 보건복지부는 '미디어 음주 장면

술방은 너무 재미있지만

누구에게나 유익할 것인가 묻는다면

여러 의견이 나올 것이다.

특히 청소년이라면 더더욱!

가이드라인'을 설정해 미디어 제작자들에게 알리는 등 음주로 인한 국민 건강의 악화를 최소화하려는 노력을 펴고 있다. 보건복지부는 2023년 말 기존 가이드라인에 두 항목을 추가했다. 첫째는 연령 제한을 통해 어린이와 청소년의 접근을 최소화해야 한다는 것이고, 둘째는 경고문구를 넣어 음주의 유해성을 알려야 한다는 것이다. 이 가이드라인에 따라 각 채널에서는 음주 장면이 시작될 때 경고문구를 게시하고 있다.

가이드라인 발표 이후 대표 음주 유튜브 방송인 '짠한형'도 경고문구를 삽입했는데, 많은 언론이 정부의 술방 제재가 대대적으로 시작되었다는 기사를 쏟아냈다. 기사처럼 보건복지부의 가이드라인은 정말 술방을 제재하는 수단이 될 수 있을까? 가이드라인이란 결국 방향을 제시하는 것에 불과하기에 그것이 효과를 거두려면 사실 벌칙이 함께 제시되어야 한다. 그렇다면 보건복지부의 가이드라인을 지키지 않으면 받게 되는 벌칙이 있을까? 그렇지는 않다. 해당 가이드라인에 벌칙조항에 대한 언급은 존재하지 않는다. 다시 말해 가이드라인은 술방 제작진에게 술의 위험성을 경고해달라는 권고에 그칠 뿐 그 이상의 제재력은 없는 것이다.

그렇다면 다른 법률에는 제재수단이 존재할까? '경고문구' 하면 제일 먼저 떠오르는 담배에 대한 규정을 살펴보자. 담배는 포장지에 흡연 폐해를 나타내는 경고 그림과 문구를 기재하도록 국민건강증진법으로 규정하고 있고, 만약 준수하지 않으면 처벌하는 조항을 두고 있다. 그렇다면 국민건강증진법에 술에 대한 것은 어떻게 나와 있을까? 국민건강증진법에는 술병에 음주에 따른 위험성을 경고해야 한다는 규정을 두고 있고, 주류 광고를 할 때 준수해야 하는 사항들을 포함하고 있기는 하지만 '술방'을 제작할 때 준수해야 하는 규정은 다루고 있지 않다.

방송에 대한 일반적인 사항을 규정한 방송법에는 있을까? 방송법에는 방송에 관한 심의규정이 담겨 있으니 말이다. 그런데 방송법은 인터넷방송을 제재할 수 없다. 온라인 동영상 서비스나 인터넷방송은 방송법이 아닌 전기통신사업법이 적용되기 때문이다. 그런데 전기통신사업법에는 방송 콘텐츠에 대한 심의규정이 존재하지 않는다.

결국 술방이 청소년에게 잘못된 음주 관념을 심어줄 수 있다고 경고하는 문구를 의무적으로 게시하도록 강제하는 방법은 현재로서 존재하지 않는다. 그래서인지 보건복지부 가이드라인에 따라 경고문구를 표기하던 채널들이 최근 문구를 넣지 않고 있다. 술방 제작진은 기분 좋게 콘텐츠를 보려고 들어온 시청자에게 험악한 경고문구를 내보내 거부감을 주는 게 조회수나 구독자 상승에 도움이 되지 않는다고 판단했을 것이다. 강제성이 없는 가이드라인을 꼭 준수해야 할 필요는 없으니 말이다.

연예인들의 술방을 넘어 1인 미디어 크리에이터들까지 술을 주제로 한 콘텐츠를 늘려가고 있는 걸 피부로 느낀다. 술이 주는 즐거움을 콘텐츠로 만들면 매력적인 방송이 나올 수 있을 것이다. 다만, 유튜브 같은 인터넷 미디어의 특성상 청소년이 쉽게 접할 수 있으니, 청소년이 음주에 대한 잘못된 인식을 갖지 않도록 안전장치를 마련할 필요가 있겠다. 작은 시도와 배려가 결국 세상을 바꾸는 것이다.

2장

지적재산권에 민감한
1인 미디어 세상

저작권 종류에는
어떤 것들이 있을까?

||||||||||||||||||||||||||||||||||||||||||||

유튜브 시청이 취미인 A. 그런데 어떤 영상을 보면 '나도 이 정도는 만들 수 있겠다' 싶은 생각이 든다. 유명 유튜버들의 수입이 엄청나다는 뉴스를 자주 접했던 터라 이참에 유튜브 활동을 시작해보기로 했다. A는 영화에 관심이 많아 영화 관련 영상을 제작하려고 하는데, 영상을 제작할 때 저작권을 침해하지 않는 게 중요하다는 말을 많이 들었다. 저작권을 알아야겠다는 생각에서 '저작권법'도 찾아보고 인터넷을 통해 여러 정보를 검색해보니 저작권 안에도 여러 종류의 권리가 있었다. 그런데 그 내용이 너무 복잡해서 어떤 부분은 무슨 말인지 이해가 되지 않았다.

저작물? 저작권?
||||||||||||||||||||||||||||||

저작권을 한마디로 정의하면 '저작물에 대해 저작자가 가지는 권리'라고 할 수 있다. 그럼, 저작물은 뭘까? 저작물은 인간의 사상이나 감정을 표현한 창작물이다. TV에서 그림을 그리는 코끼리나 원숭이가 화제가 된 적이 있는데, 코끼리나 원숭이는 사람이 아니기 때문에 그들이 그린 그림은 저작물이라고 할수 없다. 마찬가지 원리로 AI가 만든 작품도 지금까지는 저작물로 인정받지 못하고 있는데, AI 기술이 지금보다 더 발전하면 저작물 개념이 더 넓어질지는 지켜볼 일이다.

저작권은 하나의 권리라기보다는 여러 권리를 합쳐놓은 것이다. 저작권법은 저작권을 '저작재산권'과 '저작인격권'으로 구분하고 있다.[9] 둘의 차이는 무엇일까?

먼저 저작재산권은 저작물을 하나의 재산으로 이용할 수 있는 권리를 말하는데, 주로 경제적 이익과 연결된다. 저작인격권은 저작재산권과는 다소 결이 다르다. 저작물은 저작자의 재산인 동시에 하나의 작품이기도 하다. 모든 저작자는 자신의 소중한 작품이 함부로 다뤄지지 않기를 바라는데, 이런 뜻에서 만들어진 권리가 저작인격권이다.

저작재산권과 저작인격권의 가장 큰 차이는 양도 가능성이다. 저작재산권은 재산적 권리이므로 다른 사람에게 넘기는 게 가능하고 거래 대상이 될 수도 있다. 물건을 사고파는 것과 본질적인 차이가 없다. 하지만 저작인격권은 다른 사람에게 넘길 수 없다. 예를 들어, 홍길동이라는 화가가 그림을 판매하는 경우, 그 그림의 소유권은 구매자에게 넘어갈 수 있지만 그림 작가가 홍길동이라는 사실은 바뀔 수 없는 것이다. 저작인격권을 양도하기로 계약하더라도 그 계약은 아무런 효력이 없다.[10]

"저작권을 등록한다"라는 말을 많이 들어봤을 것이다. 저작권은 꼭 등록해야 하는 걸까? 그렇지는 않다. 저작권은 저작물을 창작하면 바로 생기는 것이다. 물론 저작권을 등록해두면 장점이 있기는 하다. 저작자로 실명이 등록되면 그 저작물의 저작자로, 그리고 등록된 저작물이 맨 처음 공표된 것으로 추정된다.[11] 물론 '추정'이기에 다른 증거가 나오면 뒤집힐 수 있어 완벽한 권리 보호 수단이 되는 것은 아니지만, 어쨌든 '추정된다'는 건 일단 유리한 고지를 선점하는 것이기는 하다.

저작물은 소중한 나의 재산

저작재산권의 종류로는 복제권, 공연권, 공중송신권, 전시권, 배포권, 대여권, 2차적 저작물 작성권이 있다.

복제권은 저작물을 인쇄, 복사, 사진을 찍거나 변환하는 것과 같은 행위를 할 수 있는 권리고, 공연권은 여러 사람 앞에서 저작물을 연주하거나 공개할 수 있는 권리다. 공중송신권은 여러 사람이 저작물을 수신하거나 접근할 수 있도록 하는 것과 관련된 권리인데, 유튜브에 저작물을 업로드하고 다운로드받는 행위가 일종의 공중송신이다. 전시권은 미술 작품, 사진, 건축물과 같은 저작물의 원본이나 복제물을 전시할 수 있는 권리를 의미하고, 배포권은 저작물의 원본이나 복제물을 여러 사람에게 나눠주거나 빌려줄 수 있는 권리다. 대여권은 상업용 음반과 상업적 목적으로 공표된 프로그램을 빌려줄 수 있는 권리다.

여러 권리 중에서 유튜버로 활동할 때 자주 문제가 되는 권리는 바로 '2차적 저작물 작성권'이다. 말 그대로 2차적 저작물을 만들 수 있는 권리를 의미한다.

〈무빙〉〈스위트홈〉〈이태원 클라쓰〉〈경이로운 소문〉. 이들 작품의 공통점은 웹툰을 원작으로 한 드라마라는 것이다. 2차적 저작물은 원저작물을 변형해 만든 창작물인데, 웹툰을 원작으로 해서 다시 만들어진 드라마나 영화가 대표적인 2차적 저작물이다. 2차적 저작물이 되려면 원저작물을 기초로 수정이 이뤄지되 원저작물과 실질적 유사성이 있어야 한다.[12]

2차적 저작물을 만들 수 있는 권리는 저작권자에게 있으므로 2차적 저작물을 만들려면 저작자에게 허락을 받아야 한다. 상식적으로 생각해봐도 〈해리포터〉 시리즈 영화를 제작하려면 소설 《해리포터》 저작자인 조앤 K. 롤링의 허락을 받아야 하지

저작권은 하나의 권리라기보다는
여러 권리를 합쳐놓은 것으로,
크게 '저작재산권'과
'저작인격권'으로 나뉜다.

않겠는가.

다른 사람의 교재를 이용해 동영상 강의를 찍은 뒤 유튜브에 올리는 건 어떨까? 동영상 강의의 내용이 기존 학습교재의 기본 구성과 체계, 지문 내용에서 크게 벗어나지 않고, 단순히 내용 일부를 수정하거나 변경한 것에 불과해 거의 복사한 수준이라면 복제권 침해가 될 수 있다.

기존 학습교재와 실질적 유사성이 유지되면서 새로운 창작성이 부가되었다면 2차적 저작물로 인정될 수 있다. 하지만 '2차적 저작물 작성권'을 침해하는 것이 될 수 있으므로 상당한 주의가 필요하다. 실제로 온라인 교육업체 A사는 B출판사의 교재를 이용해 동영상 강의를 제작한 적이 있다. 법원은 동영상 강의가 출판사 교재의 2차적 저작물인데 저작자인 B출판사의 허락을 받지 않았다는 이유로 2차적 저작물 작성권을 침해했다고 판결했다.[13]

재산 이상의 가치
||||||||||||||||||||||||||||||

저작물은 수익을 안겨주는 일종의 재산이다. 하지만 저작물이 오롯이 재산적 성격만 가지는 것은 아니다. 많은 작가가 작품을 자식처럼 아끼는 것에서 알 수 있듯이 저작물은 재산 그 이상의 가치를 지닌다고 할 수 있다. 이런 저작물의 특성을 반

영한 것이 저작인격권인데 저작인격권에는 공표권, 성명표시권, 동일성유지권이 있다.

공표권은 저작물을 공표할 수 있는 권리다. 저작물을 창작했다고 해서 꼭 공개해야 하는 건 아니다. 공개 여부는 저작자가 결정할 문제다. 공개하기로 마음을 정한 경우 누구에게, 언제, 어떤 방식으로 공개할지 또한 저작자가 정할 수 있다.

공표권과 관련해 유의해야 할 점은 저작자가 아닌 사람을 저작자로 표시하는 건 범죄라는 사실이다. 실제로 처벌된 사례가 있다. 대학교수 갑은 여러 교수와 함께 전공서적을 출간했는데, 책에 이름을 올린 저자 명단에 교재 집필에 참여하지 않은 교수가 포함되어 있었다. 저자가 아닌 사람을 저자로 표시해 책을 출간하거나 다른 학자의 책을 저자명만 바꿔 새로 출판하는 걸 흔히 '표지갈이'라고 한다. 그런데 표지갈이는 저작자의 공표권을 침해하는 행위다. 법원은 이와 같은 표지갈이가 불법이라고 판단해 표지갈이를 한 교수들에게 벌금 1500만 원을 선고했다.[14]

저작물의 저작자로 다른 사람이 기재되거나 저작자가 아닌 사람이 작품 내용을 함부로 바꾼다면 저작자에게는 큰 고통일수밖에 없다. 이런 문제를 예방하기 위한 권리가 바로 성명표시권과 동일성유지권이다.

성명표시권은 저작물에 저작자를 표시할 수 있는 권리다.

저작자를 표시할 때 꼭 실명을 기재해야 하는 건 아니고 예명, 필명 같은 가명을 사용해도 무방하다. 저작자가 가명이나 필명으로 공표한 저작물에 임의로 저작자의 본명을 기재하는 것도 성명표시권 침해가 될 수 있다.[15] 그리고 동일성유지권은 저작물을 함부로 변경하는 걸 막을 수 있는 권리다.

을은 한국인 최초의 맹인 박사인 강영우 박사의 이야기를 토대로 영화를 제작했고, C방송사는 그 영화에 대한 방영권을 구매해 영화를 방송했다. 그런데 C방송사가 제작자인 을의 동의 없이 마음대로 작품 내용 일부와 제작사 명칭을 삭제하거나 편집해서 방송했다. 이에 대해 을은 저작인격권이 침해되었다고 주장하며 C방송사를 상대로 소송을 제기했다. 법원은 방송사가 작품에 대한 을의 성명표시권과 동일성유지권 등의 저작인격권을 침해해 손해배상책임을 진다고 판결했다.[16]

링크만 걸어도
불법이라고?

||||||||||||||||||||||||||||||||||||||||||||||||

A는 최근 개설한 유튜브 채널로 짭짤한 수익을 올리고 있다. A의 채널이 주로 다루는 주제는 연예와 스포츠 분야인데, 사람들이 A의 채널을 찾는 이유는 따로 있다. A가 올린 영상의 '더보기'나 A의 채널 게시판(커뮤니티)에는 최신 영화, 드라마, 예능 프로그램을 무료로 볼 수 있는 사이트의 링크 주소가 게시되어 있기 때문이다. 무료 동영상 사이트가 불법이라는 기사를 보기는 했지만 A는 별로 걱정하지 않는다. A의 채널에 무료 동영상이 올라와 있는 게 아닌데다 A는 단순히 무료 사이트의 주소만 알려주고 있어서다. 그런데 정말 A의 행동은 법적으로 아무 문제가 없는 걸까?

지금은 OTT 시대
||||||||||||||||||||||||||||||||

동영상 콘텐츠를 즐기는 방식이 확연하게 바뀌었다. 과거에는 공영방송사가 제작한 프로그램을 TV를 통해 시청하는 게 일반적이었지만 지금은 온라인 동영상 서비스, 이른바 OTTOver The Top가 대세로 자리 잡았다. 넷플릭스, 티빙, 쿠팡플레이, 웨이브, 디즈니플러스 등 다양한 OTT 업체가 경쟁 중인데, OTT 구독료가 크게 상승하고 있어 스트리밍과 인플레이션을 합친 '스트림플레이션'이라는 신조어가 등장할 정도다.

영화, 드라마, 예능 프로그램은 모두 저작권법의 보호를 받는 저작물이므로 콘텐츠를 시청하려면 정당한 대가를 지불해야 한다. 하지만 돈을 내지 않고 공짜로 콘텐츠를 보고 싶은 욕구를 이용해 불법 스트리밍 사이트를 운영하는 업체도 있다. 얼마 전 화제가 되었던 '누누티비'가 대표적이다. 누누티비는 폐쇄되었지만, 제2의 누누티비가 생겨나고 있으며 앞으로도 비슷한 사이트가 계속 등장할 가능성이 높다.

누누티비와 같은 스트리밍 사이트를 운영하는 게 불법인 이유는 저작권법을 위반하고 있어서다. 저작권법에 따르면, 저작자는 저작물에 대한 공중송신권이라는 권리를 가진다.[17] "저작권 종류에는 어떤 것들이 있을까?"에서 알아본 것처럼 공중송신권은 '저작물을 불특정 다수인이 볼 수 있도록 전송할 수 있는 권리'다. 쉽게 말해 영상을 어떤 방식으로 누구에게 공개할지는 저작자가 정한다는 의미다. 그러니 A가 촬영한 영상을 B가 함부로 자신의 유튜브 채널에 올리면 그건 저작자인 A의 공중송신권을 침해하는 것이다.

다른 사람의 공중송신권을 침해하면 어떻게 될까? 공중송신권은 저작재산권의 일종인데, 저작재산권을 침해한 사람은 5년 이하의 징역 또는 5000만 원 이하의 벌금에 처해진다.[18] 형사처벌로 끝나는 게 아니다. 저작재산권 침해로 민사상 손해배상까지 부담해야 할 수도 있다.

인터넷 링크 게시의 특수성

다른 사람의 영상을 무단으로 올려놓은 스트리밍 사이트가 저작권법을 위반한 불법 사이트라는 건 상식적으로 알 수 있다. 그렇다면 불법 사이트의 주소를 링크하는 경우는? 직접적으로 콘텐츠를 재생할 수 있게 한 건 아니고 단순히 소개한 것에 불과하니 괜찮은 걸까? 아니면 불법 사이트에 쉽게 접근할 수 있는 통로를 열어준 것이니 이것도 불법일까?

법원은 영상 콘텐츠를 직접 재생할 수 있게 하는 것과 링크를 게시하는 건 성격이 다르다고 본다. 그래서 단순히 링크(연결)만 게시하는 건 저작권법 위반이 아니라는 게 기본 입장이다. 이유는 크게 두 가지다.

첫째는 법 논리에 따른 이유다. 링크는 인터넷에서 연결하고자 하는 웹사이트 서버에 저장된 저작물의 웹 위치 정보나 경로를 나타낸 것에 지나지 않는다. 저작권법에 따른 공중송신권을 침해하려면 저작자의 의사와 다르게 저작물을 '송신하는 행위'(보내는 행위)가 있어야 하는데, 링크는 단순히 경로를 소개하는 것이지 '송신'은 아니다. 인터넷 이용자가 링크를 클릭해서 저작권 침해 영상이 있는 곳으로 직접 들어가더라도 저작권 침해 영상을 전송하는 주체는 불법 사이트의 운영자이지 링크를 설정한 사람은 아니라는 말이다.

둘째는 현실적 이유다. 법원이 링크에 대해 비교적 관대한 태도를 보이는 건 인터넷 링크의 특성을 고려했기 때문이다. 인터넷 이용자 중에서 링크를 한 번도 이용해보지 않은 사람은 없을 정도로 링크는 인터넷 공간에서 매우 흔하게 사용되는 정보 전달 방식이다. 중요한 뉴스가 생겼을 때, 괜찮은 제품이 할인 행사를 할 때, 가볼 만한 식당이 있을 때 사람들은 구구절절한 설명 대신 링크를 전달한다.

인터넷 공간의 본질적 가치는 정보의 자유로운 유통인데, 링크는 정보 유통의 핵심적이고 필수적인 수단이다. 이건 헌법이 보장하는 표현의 자유와 일반적 행동의 자유와도 밀접한 연관이 있다. 법원은 링크를 제한하면 표현의 자유가 위축될 수 있다고 보는 것이다.

　그렇다고 법원이 모든 링크를 괜찮다고 보는 건 아니다. 링크가 특수성을 가지고 있기는 하지만 저작권자의 권리를 지키는 것도 중요하기 때문이다. 많은 사람이 다양한 링크를 통해 불법 사이트에 접근하는 상황에서 저작권 침해 사이트로 들어갈 수 있는 링크를 계속 제공하는 행위를 무분별하게 허용하면 저작권이 침해되는 걸 방치하는 셈이고, 그 피해는 고스란히 저작자에게 돌아간다.

　K콘텐츠의 인기가 높아짐에 따라 한국의 웹툰, 드라마, 영화가 해외에서 불법으로 유통되는 사례가 많이 발생하고 있다. 한국저작권보호원의 자료에 따르면, 지난 2020년부터 2023년 8월까지 국내 저작물의 해외 불법 유통 적발 건수는 총 56만 1029건에 달한다고 한다.

링크가 문제 되는 경우
|||||||||||||||||||||||||||||||||||||

　앞서 링크 자체는 저작자의 공중송신권을 방해하는 게 아니라고 이야기했다. 그런데 어떻게 링크행위를 처벌할 수 있는 걸까? 그건 '방조'라는 법리가 있기 때문이다.

　형법에는 타인의 범죄를 방조한 사람을 처벌하는 규정이 있다.[19] 방조라는 건 범죄를 실제로 실행하는 사람의 구체적인

법원이 모든 링크를
괜찮다고 보는 건 아니다.
저작권자의 권리를 지키는 게
무엇보다 중요하기 때문이다.

범행 사실을 아는 상태에서 그런 범죄행위를 가능하게 만들거나 촉진하는 지원행위를 말한다. 쉽게 말해 범죄를 저지르는 걸 도와주는 게 방조다. 예를 들어, 운전면허가 없는 사람에게 자동차를 빌려주는 건 무면허 운전이라는 범죄를 방조하는 것이다.[20] 방조범은 실제 범죄를 실행한 사람보다는 약한 처벌을 받지만[21] 방조행위도 범죄라는 건 명백한 사실이다. 비유하자면 방조는 범죄의 도우미 역할이다. 직접 절도를 하는 건 아니지만 "누군가의 집이 지금 비어 있다"와 같은 정보를 알려줘서 절도가 쉽게 일어나게 만드는 게 방조다.

링크가 없더라도 사이트 주소를 정확하게 알면 불법 사이트에 접속하는 게 가능하다. 불법 사이트의 특성상 일반적인 검색으로는 접속 경로를 찾는 게 쉽지 않은데, 이때 링크 사이트가 유용하게 활용된다. 링크 안내 때문에 불법 사이트에 접속할 수 있는 사람이 증가하고 그 결과 저작권 침해행위가 더 많이 발생한다고 볼 수 있는 것이다. 따라서 링크행위는 저작권법의 공중송신권 침해행위를 방조하는 게 될 수 있다.

물론 '링크=공중송신권 침해 방조'인 건 아니다. 앞서 설명한 것처럼 법원은 링크가 인터넷 공간에서 매우 중요한 역할을 한다는 걸 존중하는 편이다. 그래서 제한된 경우에만 링크를 불법으로 본다. 불법과 합법을 가리는 기준을 아는 게 중요하다.

링크행위가 불법이 되려면 두 가지 요건이 필요한데, 첫째는 게시자의 고의이고, 둘째는 영리성과 계속성이다. 게시자에게 고의가 있다는 건 링크를 통해 소개하려는 동영상 콘텐츠가 저작자의 공중송신권을 침해하는 게시물이라는 걸 명확하게 인식한다는 의미다. 사실 고의라는 건 마음의 심리상태여서 정확하게 알기는 어렵지만 주변의 여러 사정을 고려하면 고의가 있었는지 판단할 수 있다. 예컨대, 방송사가 저작권 침해를 이유로 링크 삭제를 요청했을 때 링크의 일부를 삭제했다면 링크 게시자는 링크가 불법이라는 걸 알았다고 볼 수 있는 것이다.

그런데 링크가 불법이라는 걸 알았다 하더라도 링크를 소개한 게 몇 번 되지 않고 링크를 통해 수익을 얻지도 않았다면 문제가 될 가능성이 크지 않다. 하지만 링크를 통해 일정한 수익을 얻고 있고 링크행위가 반복적으로 이뤄졌다면 이야기가 달라진다. 영리 목적으로 계속 링크를 게시하면 앞서 말했듯 방조행위로 처벌받을 수 있으니 불법인지 알았거나 의심된다면 아예 거리를 두는 게 현명하겠다.

AI로 다시 태어난
〈밤양갱〉의 저작권은?

||||||||||||||||||||||||||||||||||||||||||||||

10대인 A는 우연히 고 김광석의 노래를 듣게 되었다. 오래전 활동했던 가수지만 심금을 울리는 노래에 A는 그에게 빠져들었다. '김광석의 목소리로 커버한 최근 노래들을 들을 수 있으면 얼마나 좋을까' 하는 생각까지 들 정도로 김광석의 목소리는 매력적이었다. 그러던 중 유튜브에서 유행하는 AI 가수의 커버곡 시리즈를 접했다. 그 안에는 김광석의 목소리도 있었다. AI 김광석이 부르는 비비의 〈밤양갱〉! A는 그 노래를 수없이 재생해 듣고 있다. 그런데 이렇게 AI로 커버된 노래의 저작권은 어떻게 되는지 궁금해졌다. 아무 문제 없는 걸까?

AI 커버곡의 유행
||||||||||||||||||||||||||||||

AI가 학습한 가수의 목소리로 최신곡을 커버하는 영상이 늘고 있다. AI 임재범, AI 김광석, AI 박효신 등 음색이 독특한 가수의 AI 커버곡은 조회수가 적게는 수십만, 많게는 수백만에 이를 정도로 큰 인기다. 누군가는 추억하는 가수의 목소리로 최신곡을 듣는다는 기쁨으로, 누군가는 내가 즐겨 듣는 노래를 레전드 가수가 불러준다는 즐거움으로 영상을 찾아보는 것 같다.

이렇게 새로운 콘텐츠 장르가 자리를 잡는 건가 싶을 즈음 가수 장윤정 씨의 인터뷰가 공개되었다. 장윤정 씨는 "AI 노래가 소름 돋게 디테일하다. 이러면 가수가 레코딩을 왜 하나. 그렇게 해서 음원 팔면 되는 거 아니냐"라면서 AI 커버곡의 기술력에 대한 감탄과 함께 우려도 드러냈다. 그 이후 여러 가수가 AI 커버곡에 대한 의견을 밝히면서 AI 커버곡이 갖는 법적 문제는 없는지에 대한 관심이 생겨났다. AI 김광석, AI 임재범의 노래에서 실제 그 목소리의 주인공인 김광석, 임재범의 동의 없이 음원을 제작해도 되는 걸까?

AI 커버곡의 법적 쟁점
|||||||||||||||||||||||||||||||||||||||

이 문제에 대해 사람들이 제일 먼저 떠올리는 것은 바로 저

작권이다. 지적재산권의 하나인 저작권은 예술작품 등 창작물에 대해 창작자가 가지는 권리이기에 가수의 목소리를 모방한 것은 저작권법에 위배되는 행위가 아닐까 생각하는 것이다. 그러나 AI 김광석이 부른 〈밤양갱〉은 적어도 김광석에 대한 저작권법 위반으로 판단하기는 어려울 것 같다.

저작권법은 그 적용 범위를 규정하고 있는데, 저작권법이 보호하고 있는 저작물의 예시 내용에는 사람의 목소리, 곧 음성은 제외되어 있다. 만약 사람의 목소리가 저작물로 보호되었다면 비단 AI 커버곡만이 아니라 유튜브나 방송에 나오는 수많은 성대모사 콘텐츠도 문제가 되어야 마땅하다. 유튜브에서 수도 없이 복제된 "좋았어! 영차!" 같은 배우 이경영 씨의 성대모사가 저작권법에 저촉된다는 이야기를 들어본 적이 없을 것이다.

그렇다. 저작권법이 보호하는 저작물 범위에는 목소리가 없기에 모창 가수의 모사나 AI 커버곡 자체는 저작권법에 저촉된다고 볼 수 없다. 다만, 저작권법에는 음악저작물, 어문저작물을 인정하고 있기 때문에 노래 멜로디나 가사는 저작물로서 보호를 받는다. 만약 AI 김광석이 부르는 〈밤양갱〉이 유통되어 수익을 창출한다면 〈밤양갱〉 작곡자와 작사가의 저작권을 침해하는 행위가 될 수 있는 것이다.

그런데 만약 어떤 가수가 "내 목소리는 나만의 것인데, 내가 부르지 않아도 내가 부른 것처럼 노래가 만들어지는 모습을

저작권이 보호해주지 않는다고 해서

유명인의 목소리를 함부로

소비해도 되는 것은 아니다.

보며 내 존재가 부정당하고 내 가치가 소멸되는 것 같다"라고 하소연한다면 그저 그 상황을 안타까워하기만 해야 할까? 그렇지는 않다. 저작권이 보호해주지 않는다고 해서 유명인의 목소리를 함부로 소비해도 되는 것은 아니다.

'부정경쟁방지법'이라는 게 있다. 이 법 제2조에는 '국내에서 널리 인식되고 경제적 가치를 가지는 음성을 상거래에 반하는 방법으로 영업에 무단히 사용해 타인의 경제적 이익을 침해하는 행위'를 금지한다고 나와 있다. 곧 널리 인식되고 경제적 가치를 가진다고 볼 수 있는 가수의 목소리가 부정경쟁방지법에 따라 보호받을 수 있다는 말이다. 김광석, 임재범, 박효신 같은 유명 가수의 목소리가 널리 인식되지 않았다고 주장할 사람은 없지 않을까?

더 나아가 판례는 유명인의 초상 등을 보호하는 퍼블리시티권 개념을 인용하고 있는데, 보통 거론하는 퍼블리시티권 범위에는 초상, 성명, 음성이 포함된다. 곧 목소리는 대표적인 음성의 한 종류이기에 유명인의 목소리가 무단으로 상업 영역에 이용된다면 이는 명백히 퍼블리시티권 침해에 해당한다고 볼 수 있다.

이런 법 조항이 있기는 하지만 사실 우리 법은 아직 AI 커버곡에 대한 법적 쟁점을 해결할 명확한 규정을 두고 있지 않다. 판례가 인정하는 퍼블리시티권 개념도 일부 판례에서는 명시적 법률 조항이 없기에 인정하기 어렵다는 상반된 의견이 나오는 상황이다. 이에 국회는 '인격표지영리권'이라는 민법조항을 신설하겠다고 예고한 상황이지만 아직 입법은 이뤄지지 않았다. 언젠가는 유명인만이 아니라 일반인의 성명, 초상, 음성 같은 인격적 표지가 영리를 위한 이용으로부터 보호받을 날이 와야 하지 않을까?

명문 규정이 없는 지금 단계에서는 입법 공백이 혼란을 줄 수도 있지만, 그래도 명확한 점은 AI 커버곡으로 영리활동을 하거나 유튜브에서 수익을 창출한다면 가수만이 아니라 작곡가나 작사가의 권리 침해로 인식되어 법적 분쟁으로 이어질 수 있다는 것이다. 연습 삼아 AI 커버곡을 만들어볼 수는 있겠지만 거기서 욕심을 더 내 경제적 이득을 취하려는 시도는 하지 않는 것이 좋겠다.

저작물을 자유롭게
이용할 수 있는 경우는?

|||||||||||||||||||||||||||||||||||||||||

책 읽는 걸 좋아하는 A는 책을 주제로 영상을 제작하는 북튜버다. 채널에서는 재미있게 읽은 책을 소개하고 좋아하는 작가에 대한 이야기를 나눈다. 책을 소개하는 과정에서 책 줄거리를 이야기할 뿐 아니라 책에서 읽은 문구 중에서 감동받은 구절을 직접 인용하기도 한다. 그런데 얼마 전 달린 댓글을 보고 나니 걱정이 생겼다. "책은 작가가 공들여 만든 작품으로 엄연한 저작물인데, 저작자 허락 없이 그대로 인용해도 되는 건가요?" A는 예전에 하던 대로 계속 유튜브 영상을 제작해도 되는 건지 염려가 되기 시작했다.

저작자의 허락 없이 저작물을 이용할 수 있을까?

저작물을 이용하려면 원칙적으로 저작자의 허락을 받아야한다. 하지만 모든 원칙에는 예외가 존재하기 마련! 저작물 이용에서도 마찬가지다. 저작자의 허락이 없더라도 자유롭게 저작물을 이용할 수 있다는 이야기다. 어떤 경우에 그럴까?

우선 공개적으로 행한 정치 연설은 자유롭게 이용할 수 있다.[22] 인간의 사상이나 감정을 표현한 연설은 어문저작물로서 저작권의 보호를 받기 때문에 다른 사람의 강연이나 연설을 함부로 이용해서는 안 된다. 하지만 공개적인 정치 연설은 국민의 알권리와 밀접하게 관련이 있어 자유로운 이용을 허용하는 것이다. 그러니 해외 각국 유명 정치가의 연설을 이용해 영어 교육 콘텐츠를 만드는 게 가능한 것이다.

국가나 지방자치단체 또는 공공기관이 보유한 저작물도 이용이 자유로운 편이다. 물론 국가나 지자체가 제공하는 저작물이라 하더라도 한계는 있다. 이를테면 국가나 지자체가 저작재산권 전부를 보유하고 있지 않거나, 예외적인 경우(국가의 안전보장과 관련된 정보 등)에는 이용이 제한될 수 있다. 참고로 공공누리 누리집(https://www.kogl.or.kr)에서 공공저작물 관련 정보를 확인할 수 있다.

교육 목적으로 저작물을 이용할 때는 저작자의 동의가 필요 없는 경우가 있다. 교과용 도서에 공표된 저작물을 게재하는 경우, 학교의 온라인 수업을 위해 인터넷에 공개된 다양한 자료를 일부 활용하는 경우, 혼자 공부하기 위해 시험문제를 복사하는 경우다.

장애인을 위한 용도일 때도 저작물을 어느 정도 자유롭게 이용할 수 있다. 공표된 저작물은 시각장애인을 위해 점자로 복제하거나 배포할 수 있다.[23] 비슷한 맥락에서 청각장애인을 위해 공표된 저작물을 한국 수어로 변환할 수 있고, 이런 한국 수어를 복제하거나 배포하는 것도 가능하다.[24]

다른 사람의 저작물을 인용하는 건 어떨까?
||||||||||||||||||||||||||||||||||||||||||||||||||||||||||||||||||||||||||||||||||||

작품활동을 할 때 다른 사람의 작품을 인용하는 건 흔히 있는 일이다. 인용은 저작권법에서도 허용하는 행위다. 물론 인용이라고 해서 무조건 괜찮은 건 아니고 세 가지 조건을 지켜야 한다.

첫째, 인용 목적이 정당해야 한다. 저작권법은 "보도·비평·교육·연구 등"을 위한 목적이라고 규정하고 있는데, 보도·비평·교육·연구 목적은 일종의 예시이므로 꼭 그 목적이 아니더라도 창조적이고 생산적인 목적을 위한 인용이라면 가능하다.

인용 목적이 정당한지를 따질 때 영리 목적인지가 결정적 요소는 아니지만 고려 요소이기는 하다. 영리 목적이 있다고 해서 무조건 목적이 정당하지 않다고 보는 건 아니지만, 아무래도 돈을 벌기 위한 목적에서 인용하는 경우에는 비영리적 인용에 비해 자유롭게 이용할 수 있는 범위가 좁아진다.[25]

둘째, 인용 분량이 적당해야 한다. 인용은 자기 생각이나 감상을 뒷받침하는 요소로 활용되어야 하고, 인용이 주가 되어서는 안 된다. 표현은 인용이지만 원래의 저작물을 거의 그대로 베껴와서 쓰는 방식이어서는 곤란하다는 이야기다. 곧 내가 창작하는 저작물이 주인공이고 인용하는 작품이 조연이어야 하는 것이지 그 반대로 인용하는 작품이 주인공이 되는 주객전도의 상황이 발생해서는 안 되는 것이다.

실제 사례가 있다. 갑은 대학입시에 도움이 되는 소설 감상집을 발간했다. 해당 책에는 각 작품의 작가 소개와 함께 작품의 주제, 줄거리, 시점, 등장인물과 인물의 묘사 방법, 배경, 문학사적 의의 등을 간략하게 기술한 작품 해설이 포함되어 있었다. 이에 저작자는 저작자의 허락 없이 작품을 사용했기에 저작권을 침해했다고 주장했다. 그러자 갑은 저작권법에서 허용하고 있는 인용이라고 맞섰다.

법원 판단은 어땠을까? 법원은 저작자의 손을 들어주었는데, 인용한 내용이 너무 많았기 때문이다. 갑의 책은 단편소설의 경우에는 전문을, 중·장편소설의 경우에도 상당 분량을 인

저작물을 이용하려면

저작자의 허락을 받아야 하지만

모든 원칙에는 예외가 존재하기 마련!

용하고 있어 전체적으로 그 인용 부분이 주를 이루었고, 작품 해설과 같은 독창적인 부분이 오히려 부수적인 것처럼 보여 저작권법상 허용되는 인용으로 보기 어려웠다.[26]

셋째, 원저작물의 시장 수요를 대체하거나 시장 가치를 훼손하지 않아야 한다. 예를 들어, 을이 만든 수학 문제집이 있는데 병이 그걸 그대로 인용해 다른 수학 문제집을 만들었다고 해보자. 수학 문제집 시장에서 을과 병은 경쟁하게 되는데, 이때 병 문제집이 을 문제집의 시장 수요를 대체하게 된다. 이런 경우라면 저작권법에 저촉될 가능성이 크다.

하지만 인용을 하는 게 오히려 원래 저작물에 도움이 되는 사례도 있다. 공유와 김고은 주연의 드라마 〈도깨비〉에서 김용택 시인의 책《어쩌면 별들이 너의 슬픔을 가져갈지도 몰라》의 일부분이 인용된 적이 있다. 드라마가 큰 인기를 끈 만큼 김용택 시인의 책도 화제가 되어 베스트셀러에 오르기까지 했다. 이런 경우에는 원저작물의 시장 가치를 훼손하는 게 아니라 오히려 높여주는 것이어서 저작권법에 저촉될 가능성이 낮다.

공정한 이용은 괜찮다

저작권법은 '인용'만이 아니라 어떤 경우에는 자유롭게 '이용'하는 행위까지 허용한다. '인용'과 '이용'이 서로 중첩되는 경우도 있겠지만 '이용'이 '인용'보다는 더 넓은 개념이다. 저작자의 허락 없이 저작물을 자유롭게 이용할 수 있는 걸 흔히 '공정이용'이라 부른다.[27] 어떤 경우가 공정이용인지는 사안에 따라 달라질 수밖에 없는데, 그 기준은 크게 네 가지다.

- 이용 목적 및 성격은 어떠한가?
- 저작물의 종류 및 용도는 무엇인가?
- 이용된 부분이 저작물 전체에서 차지하는 비중과 그 중요성은 어느 정도인가?
- 저작물의 이용이 그 저작물의 현재 시장 또는 가치나 잠재적인 시장 또는 가치에 미치는 영향은 어떠한가?

앞 내용을 열심히 읽은 독자라면 눈치챘겠지만 공정이용이 허용되는 범위는 저작물의 인용이 허용되는 경우와 비슷한 점이 있다. 어떤 경우 공정이용이 되는지 감을 잡기 위해 실제 사례를 살펴보자.

A사는 광고에 사용하는 이미지를 제작·판매하는 회사인데, 음식 사진으로 구성된 '요리 포토 시리즈' 책자를 제작해서 광고업체나 광고기획사에 판매해왔다. 정은 인터넷 잡지를 발행하는 사람인데, 채식을 장려하는 기획연재 기사를 작성하면서 A사의 사진 중 광어 사진을 A사의 동의 없이 사용했다. 당시

A사는 그 사진을 인터넷 홈페이지에서 컷당 30만 원에 판매하고 있었다.

정이 광어 사진을 사용했다는 걸 알게 된 A사는 정에게 저작권을 침해했으니 손해배상을 하라고 요구했다. 정이 마음대로 A사의 사진을 사용했으니 당연히 정이 손해배상을 해야 할 것 같지만, 법원은 정이 손해배상할 필요가 없다고 판단했다. 그건 정의 이용이 저작권법상 공정이용이라고 봤기 때문인데, 네 가지 주요 근거는 다음과 같다.[28]

우선 정은 채식을 장려하는 취지의 기사를 작성하던 중 광어 사진을 사용한 것인데, 이용 목적이나 성격이 영리적이지 않았다. 광어 사진은 광어회 자체를 충실하게 표현한 것이어서 촬영자의 사진 기술이 주로 이용되었을 뿐 개성과 창조성이 많이 반영되지 않았고, 광어 사진이 기사 전체에서 차지하는 비중이 크지 않았다. 또 음식물 사진의 주요 고객은 광고업체 또는 음식점 경영자 등인데, 정이 광어 사진 이미지를 사용했다 하더라도 사진의 시장가치에 별다른 영향을 미치지 않았다는 점도 고려되었다.

입사시험 문제에 관한 재미있는 사례도 있다. 무는 B사 입사시험에 응시한 뒤 논술 문제와 객관식 문제 일부를 인터넷 게시판에 올렸다. 이에 B사는 입사시험 문제도 저작물의 일종인데 무가 저작물을 인터넷에 올린 건 저작권 침해라고 주장하며

무를 고소했다. 검찰도 B사의 주장에 동의해 무를 법정에 세웠다. 그런데 법원은 무에게 무죄를 선고했다.[29]

법원은 무의 의도를 중요하게 고려했다. 무가 시험문제를 인터넷 게시판에 올린 건 B사 입사시험 문제를 비판하기 위해였을 뿐 영리 목적이 없었다는 점, 무가 시험문제를 게시한 것으로 B사에게 특별한 피해가 생기지 않은 점 등이 무죄 판결의 이유가 되었다. B사가 시험문제를 다시 사용한다거나 기출문제집으로 출간하는 데 활용할 계획이 없다는 점도 고려되었다.

인기 예능과 비슷하게
유튜브 영상을 만들어도 될까?

||||||||||||||||||||||||||||||||||||||||||

A는 유튜브 영상을 제작할 때마다 창작의 고통에 시달린다. '어떤 주제로 콘텐츠를 제작해야 사람들이 좋아할까?'를 매번 고민하지만 뾰족한 답이 나오지 않아 막막할 때가 많다. 그렇게 깊은 고심에 빠져 있던 중 우연히 TV에서 데이팅 프로그램을 보게 되었다. 그 순간 '이 프로그램을 차용해 콘텐츠를 만들면 어떨까?' 하는 생각이 스쳤다. 그런데 인기 예능 프로그램과 비슷한 내용으로 유튜브 영상을 제작해도 되는 건지 조금 걱정이 되었다. 저작권에 관한 이야기를 어디선가 들어서다. 그냥 만들어도 되는 걸까?

창작물이 되려면 무엇이 필요할까?
||||||||||||||||||||||||||||||||||||||||||||||||||||||||||||||||||

저작권법은 저작물을 '인간의 사상 또는 감정을 표현한 창작물'로 규정하고 있다고 앞에서 이야기했다. 이 말처럼 저작물로 인정받으려면 '창작성'이 들어가야 한다. 그럼, 창작성은 뭘까? "하늘 아래 새로운 것은 없다"라는 말이 있듯이 저작물은 다른 작품을 참고해 만들어지는 경우가 많다. 다른 사람의 저작물에서 영감을 얻어 새로운 저작물을 만드는 건 아주 자연스러운 일이다. 하지만 남의 작품을 무작정 베끼는 건 곤란하다. 다시 말해 창조적 개성이 드러난 저작물을 만들어야 하는 것이다. 창조적 개성이 드러나지 않은 저작물은 창작성이 없다고 볼 수 있다.[30] 이를테면 '봄'이라는 주제로 그림을 그리면서 벚꽃을 소재로 활용하는 건 누구나 할 수 있는 생각이라 그 자체로는 창조적 개성이 드러난다고 말하기는 어렵다.

드라마나 영화가 인기를 끌면 표절 시비가 일어나는 일이 종종 있다. 한 작품이 다른 작품을 표절한 것인지를 판단하는 방법은 주제, 인물의 성격과 역할, 인물 사이의 관계, 줄거리, 구성이 유사한지를 보는 것이다.[31] TV 프로그램 역시 영상 저작물인데, TV 프로그램 중 이른바 리얼리티 프로그램은 드라마나 영화와는 다른 특징이 있어 드라마나 영화에 적용되는 기준으로는 표절 여부를 판단하기가 쉽지 않다. 리얼리티 프로그램은 구체적인 대본 없이 대략적인 콘셉트만 정해놓고 출연자들이 경험하는 실제 상황을 담는 것이기에 주제나 줄거리가 특별하게 정해져 있지 않은 것이다.

그렇다고 리얼리티 프로그램이 모두 창작성이 없다고 볼 수는 없다. 리얼리티 프로그램은 무대, 배경, 소품, 음악, 진행 방법, 게임 규칙 등 다양한 요소로 구성되는데, 이 요소들이 일정한 의도나 방침에 따르면서 다른 프로그램과 확연히 구별되는 특징이나 개성을 나타낸다면 창작성이 인정될 수 있다. 창작성이 있다는 건 저작물이라는 의미이니, 이와 같은 저작물과 유사한 내용으로 유튜브 영상을 제작하면 저작권 침해가 된다.

유명 프로그램 모방과 관련한 대표 사례로는 〈짝〉 프로그램 사건이 있다. 이 사건을 통해 어떤 경우에 저작권 침해가 되는지 알아보자.

〈짝〉은 창작성이 있을까?

SBS가 만든 〈짝〉이라는 프로그램은 상당한 인기를 끌었다. 〈짝〉은 결혼 적령기의 일반인 남녀가 '애정촌'이라는 공간에 모여 일정 기간 함께 생활하면서 자기소개, 게임, 데이트를 통해 자신의 짝을 찾아가는 과정을 담은 리얼리티 프로그램이다.

기존에도 〈짝〉과 비슷한 데이팅 프로그램이 많았는데, 그렇

창작성이 인정되려면

사상이나 감정에 대한

저작자의 독창적 표현을

담고 있어야 한다.

다면 〈짝〉이라는 프로그램이 창작성을 가진다고 볼 수 있을까? 결론부터 이야기하면 법원은 〈짝〉이 다른 방송 프로그램과는 구별되는 창작성을 가진다고 봤다. 그 이유는 〈짝〉에는 다른 데이팅 프로그램에는 없는 독특한 특성이 있었기 때문이다.

〈짝〉은 프로그램을 진행하는 사회자 없이 출연한 남녀들이 한 장소에 모여 합숙을 하면서 제작진이 정한 규칙에 따라 행동하고, 그 과정에서 일어나는 상호작용을 객관적으로 관찰하는 콘셉트다. 출연자들은 상당 기간 사회로부터 격리되어 생활하면서 짝을 찾는 일에만 몰두하는데, 출연자의 나이와 직업을 제외하고는 나머지 신상정보는 드러나지 않는다. 출연자들은 남녀별로 각각 통일된 유니폼을 입고 '남자 1호' '여자 1호'와 같이 사회에서 일반적으로 사용하지 않는 호칭을 쓴다.

그리고 자기소개 시간을 통해 출연자가 자기 매력을 발산하고 같이 도시락을 먹을 이성을 선택하는데, 제작진과의 속마음 인터뷰로 출연자의 솔직한 모습과 진심을 드러낸다. 또 사건의 진행이나 출연자의 심리를 다큐멘터리 프로그램에서나 등장할 법한 성우의 내레이션으로 시청자들에게 들려줘 짝을 찾아가는 남녀의 모습을 객관적으로 관찰하는 느낌을 극대화한다. 이처럼 〈짝〉은 여러 요소가 유기적으로 배열되어 고유한 특징을 가지는 '저작물'인 것이다.

〈짝〉과 비슷한 영상을 만든 두 회사

〈짝〉이 인기를 끌자 여러 회사가 〈짝〉과 비슷한 프로그램을 만들었다. 먼저 CJ E&M은 tvN에서 〈SNL Saturday Night Live Korea〉이라는 예능 프로그램을 방송했는데, '짝 재소자 특집' '짝 메디컬 특집' 같은 영상물을 6분 정도씩 네 차례에 걸쳐 방송했다. 그리고 넷마블게임즈는 새롭게 국내에 출시되는 온라인 게임을 홍보하기 위해 이벤트 영상을 제작했는데, 게임을 즐기는 사람들이 '애정촌 던전'에 모여 함께 게임을 할 짝을 찾는 과정을 담았다.

두 회사가 〈짝〉을 이용해 영상을 만들자 〈짝〉을 제작한 SBS는 이들이 저작권을 침해했다고 주장하며 두 회사에 소송을 제기했다. 결론부터 이야기하면, 법원은 CJ E&M과 넷마블게임즈에 대해 각각 다르게 판단했다.

CJ E&M의 〈SNL〉을 보자. 〈SNL〉이 〈짝〉의 기본 구성을 일부 차용한 것은 맞지만 〈SNL〉은 리얼리티 방송 프로그램이 아니라 전문 연기자가 출연해 대본에 따라 재소자나 환자 등을 연기하는 성인 코미디물이라는 점에서 프로그램 성격이 〈짝〉과는 다르다. 또 〈짝〉은 남녀가 진지하게 짝을 찾아가는 과정을 보여 줘 전체적으로 심각하고 긴장감 있는 느낌을 주지만, 〈SNL〉은 코미디물답게 현실에서 좀처럼 발생하기 어려운 과장된 상황과 사건이 극 전개의 중심을 이뤄 전체적으로 가볍고 유머러스한 분위기다. 이처럼 〈짝〉과 〈SNL〉은 프로그램의 성격, 등장인물, 구체적인 사건의 진행과 내용 및 그 구성에서 상당한 차이가 있어 법원은 두 작품이 실질적으로 유사하지 않다고 판단했다.

하지만 넷마블이 만든 영상은 다르게 봤다. 넷마블 영상은 게임을 즐기는 남녀가 '애정촌 던전'이라는 장소에 모여 함께 게임을 할 이성을 찾는다는 내용인데, 남녀 출연자들이 애정촌에 입소해 원하는 이성을 찾아가는 〈짝〉의 기본 구조를 그대로 차용했다. 그리고 애정촌 던전의 입소 과정부터 남녀 출연자들의 복장과 호칭, 자기소개, 같이 도시락 먹을 이성을 선택하는 것, 제작진과의 속마음 인터뷰 및 내레이션을 통한 프로그램 전개가 〈짝〉의 핵심 요소들과 거의 일치했다. 또 넷마블 영상은 〈짝〉과 비슷하게 출연자들을 객관적으로 관찰하는 리얼리티 프로그램을 보는 듯한 느낌이 들도록 표현되었다. 이에 법원은 〈짝〉과 넷마블 영상이 실질적으로 유사하다고 판단했다. 결국 이 사건은 저작권을 침해한 넷마블이 SBS에 2000만 원을 지급하기로 합의하고 마무리되었다.

다른 프로그램에서 아이디어를 얻어 유튜브 콘텐츠를 만들 때도 이런 사례는 좋은 참조점이 된다. 곧 콘텐츠를 만들 때 참고하려는 작품이 고유한 특성을 갖는지 먼저 생각해봐야 한다. 고유한 특성, 곧 창작성을 가진 작품의 주요 구성과 내용을 마음대로 따라한다면 저작권 침해가 될 수 있다. 누군가의 작품을 활용하고 싶다면 그대로 복사할 게 아니라 저작자 자신만의 고유한 창작성을 가미하는 작업이 꼭 필요하다는 점을 명심하길 바란다.

영상의 저작권 기간은
얼마나 될까?

||||||||||||||||||||||||||||||||||||||||||||||||||

A는 영화를 리뷰하는 유튜브 채널을 운영하고 있다. A는 최근 개봉한 영화보다는 고전이라 불리는 예전 영화를 주로 소개한다. A가 옛날 영화를 주로 다루는 이유는 고전 영화 특유의 분위기를 선호해서기도 하지만, 옛날 영화는 저작권 문제가 발생하지 않는다는 이야기를 들어서다. 그런데 정말 옛날 영화를 이용해 유튜브 영상을 만들어도 문제가 없는 건지 불안한 마음이 한켠에 있다. 어느 정도로 옛날 영화여야 저작권 문제가 해결되는 걸까?

저작권의 유효기간은?
|||||||||||||||||||||||||||||||||||||||||

휴 그랜트가 주연으로 출연한 영화 〈어바웃 어 보이About A Boy〉는 백수인 월 프리먼에 관한 이야기다. 월은 혼자 아이를 키우는 엄마가 자신에게 딱 맞다는 생각에 '혼자 아이를 키우는 부모들의 모임'에 참가하고, 그곳에서 열두 살짜리 소년 마커스(니콜라스 홀트)를 만난다. 마커스와 보내는 시간이 길어질수록 월은 점점 성숙한 어른으로 변모해간다.

월은 직업이라고는 평생 가져보지 않은 백수지만 생활은 매우 풍족하다. 그가 돈 걱정 없이 편하게 살 수 있는 건 아버지 덕분이다. 월의 아버지는 〈산타의 수퍼 썰매〉라는 대히트곡의 작곡가인데, 그 곡의 저작권료 덕에 풍요로운 생활을 할 수 있는 것이다. 영화 속 이야기이긴 하지만 현실에서도 충분히 가능한 일이다. 저작자가 사망한 뒤에도 일정 기간 저작권은 존재하기 때문이다.

저작자는 생존하는 동안에는 당연히 저작권을 갖는다. 그리고 사망한 후에도 약 70년간 저작재산권이 존재한다. 따라서 저작재산권을 상속받은 가족은 저작권 사용료를 받을 수 있다. 가수 김광석의 노래(음악저작물)로 상속인이 70년간 받을 수 있는 저작권료가 약 90억 원이 될 거라고 추산하는 사람도 있다.

저작재산권의 보호기간을 계산할 때는 저작자가 사망한 그 시점부터 계산하는 것이 아니라 사망한 다음 해부터 계산한다는 점을 유의해야 한다.[32] 예를 들어, 2024년 8월 4일에 사망한 경우, 2024년 8월 5일부터 2094년 8월 4일까지 70년을 계산하는 것이 아니라 2025년 1월 1일부터 2094년 12월 31일까지 70년을 계산하는 것이다.

저작권법은 1957년 제정되었는데, 당시에는 저작자가 사망한 뒤 30년까지만 보호했다. 그 뒤 1987년 저작권법이 개정되면서 50년으로 늘어났고, 2011년 한미FTA 이행을 위해 또 한 번 법이 개정되면서 70년으로 연장되었다.

저작권법이 개정되면서 저작재산권이 보호되는 기간은 저작자의 사망 시점에 따라 달라진다. 1962년 12월 31일 이전에 사망한 저작자의 저작물은 보호기간이 50년이지만, 1963년 이후에 사망한 저작자의 저작물 보호기간은 70년이 적용된다. 예를 들어, 1962년에 사망한 헤르만 헤세가 쓴 소설은 저작재산권 보호기간이 1963년 1월 1일부터 2012년 12월 31일까지지만, 1963년에 사망한 염상섭이 쓴 소설은 저작재산권 보호기간이 1964년 1월 1일부터 2033년 12월 31일까지다. 두 작가의 사망 시점은 1년 남짓밖에 차이가 나지 않지만, 저작재산권 보호기간은 크게 차이가 나는 것이다. 다소 불합리하다고 생각할 수 있지만 저작권법이 그렇게 규정한 이상 어쩔 수 없다.

한 사람이 혼자서 작품을 만들었다면 저작재산권도 한 사람만 가지므로 그 사람의 사망 시점을 기준으로 70년을 계산하면 된다. 그런데 두 명 이상이 저작물을 함께 만들었다면? 이럴 때는 어떻게 해야 할까? 저작권법에 따르면, 마지막으로 사망한 저작자가 사망한 뒤 70년간 존속된다.[33] 먼저 사망한 저작자를 기준으로 하면 살아 있는 다른 저작자에게 피해가 갈 수 있기에 제일 마지막에 사망한 저작자를 기준으로 삼은 것이다.

언제나 예외는 있기 마련!

'저작재산권은 저작자의 사후 70년간 존속한다'는 게 원칙이지만, 여기에는 물론 예외가 있다.

첫째, 업무상저작물의 경우다. 업무상저작물은 회사에 소속된 근로자가 업무 과정에서 만든 저작물을 말한다. 예를 들어, 언론사 기자의 기사나 방송국 PD가 기획한 프로그램, IT회사 프로그래머가 만든 업무용 앱 등이 업무상저작물에 해당한다. 업무상저작물 저작자는 기본적으로 회사다.[34] 회사가 직접 저작물을 만든 건 아니지만 근로자에게 월급을 지급해 만든 저작물이기에 그 저작물에 관한 권리도 회사가 갖는 것이다.

업무상저작물도 70년간 저작재산권이 존속하는 건 동일하지만 기준점이 다르다. '저작자의 사망 후'가 아니라 '공표한 때'로부터 70년이다. 업무상저작물의 저작자인 회사가 사망한다

저작자가 사망한 뒤에도
저작재산권은 70년간 존재한다.
저작재산권을 상속받은 가족은
저작권 사용료를 받을 수 있다.

는 건 쉽게 생각하기 어렵기 때문에 공표 시점을 기준으로 정한 것이다.

둘째, 영화나 드라마 같은 영상저작물의 경우다. 영상저작물도 업무상저작물과 마찬가지로 공표 시점을 기준으로 70년간 저작재산권이 존속한다. 영상저작물을 만들 때는 감독, 작가, 배우, 촬영감독 등 많은 사람이 참여한다. 여러 사람이 협업해 만든 영상저작물은 한 사람을 저작자로 정하기가 쉽지 않고 저작자의 사망 시점을 기준으로 삼기도 어려워 공표 시점을 기준으로 70년을 계산하는 것이다.

그런데 영상저작물은 모두 공표되는 게 아니다. 제작을 마치고도 여러 사정으로 끝내 개봉하지 못하는 영화가 수없이 많다. 이 경우 창작한 때로부터 50년 이내에 영상저작물이 공표되지 않으면, 공표 시점부터가 아니라 '창작한 때'로부터 70년간 저작권이 존속한다.

영상저작물과 관련해 한 가지 유의할 사항이 있다. 영상저작물에는 소설, 각본, 미술, 음악 같은 여러 저작물이 포함될 수 있는데, 그런 저작물들은 별도로 보호된다는 것이다. 예를 들어, 소설 《해리포터》를 원작으로 한 영화 〈해리포터〉의 저작재산권은 공표 시점(개봉 시점)으로부터 70년이지만, 영화의 원작 소설은 작가의 사망 이후 70년까지 저작재산권이 존속한다. 따라서 영화 〈해리포터〉의 개봉 시점으로부터 70년이 지났더라도 소설

《해리포터》의 저작자인 조앤 K. 롤링의 사후 70년이 지나지 않았다면 《해리포터》 작품을 자유롭게 이용하는 데 제약이 있을 수 있다.

음악저작물도 주의가 필요하다. 3단 고음 및 "나는요 오빠가 좋은걸"이라는 달달한 가사로 유명한 노래의 제목이 무엇이냐고 물으면 아마도 대부분 아이유의 〈좋은 날〉이라고 단번에 답할 것이다. 이처럼 노래를 떠올리면 가수가 먼저 연상되어서 노래의 저작자가 가수라고 생각하기 쉽지만, 노래의 저작자는 그 음악을 만든 작곡가와 작사가다(〈좋은 날〉은 이민수 작곡가와 김이나 작사가가 저작자다).

물론 노래를 부른 가수도 노래에 대한 권리를 가진다. 저작자는 아니지만 가수나 연주자처럼 저작물과 밀접한 연관이 있는 사람을 저작인접권자라 부른다. 음반에 대한 저작인접권의 존속기간은 그 음반을 발행한 때로부터 70년이다. 예를 들어, 모차르트의 교향곡을 2024년에 새롭게 연주하고 녹음했을 경우, 원곡에 대한 저작재산권 보호기간은 이미 만료되었지만 연주자의 저작인접권 보호기간은 아직 남아 있으니 마음대로 그 음악저작물을 사용할 수 없는 것이다.

3장

인터넷 미디어 세상의
형사분쟁

유튜브로 주식 방송을 할 때
주의해야 할 것은?

||||||||||||||||||||||||||||||||||||||||||||

희동이는 주식에 관심이 많다. 투자도 하고 공부도 하면서 꽤 오랜 시간 지내다 보니 나름 주식 보는 눈이 조금씩 생겨났고, 그 노하우를 유튜브 영상으로 풀어내면 좋겠다고 생각했다. 이에 희동이는 '희동이의 떡상채널'이라는 채널을 개설하고 영상을 하나둘 올리기 시작했다. 희동이는 자신만의 노하우가 담긴 주식 시장 이야기만이 아니라 특정 주식에 대한 투자 판단이나 향후 가치에 대한 생각까지 담아냈다. 처음에는 조회수가 나오는 것이 즐거웠고, 사람들 댓글을 보면서 흐뭇한 기분이 들었다. 그렇게 구독자는 1000명을 돌파했고 어떤 영상은 조회수가 수만 회에 이르기도

했다. 사람들이 찾아오자 자연스럽게 유튜브에서 지급하는 광고수익이 들어왔고, 희동이는 그 기쁨에 더 많은 영상을 제작해야겠다고 마음먹었다.

희동이의 영상을 보고 수익을 올린 사람이 채널에 찾아와 감사 인사를 표하는 경우가 점점 늘어갔다. 라이브 방송 중에 슈퍼챗을 통해 일정 금액을 기부하는 이도 많았다. 희동이는 슈퍼챗으로 점점 많은 돈을 벌게 되자 제작진을 고용해 채널을 더 키웠다. 더 나아가 멤버십에 가입한 사람만 볼 수 있는 영상을 제작하기로 했다. 아니나 다를까 멤버십 가입자 수는 불티나게 증가했다. 그런데 누군가는 이런 희동이를 곱게만 보지 않았다. 희동이는 괜찮은 걸까?

유사투자자문업자가 등장하다!
||||||||||||||||||||||||||||||||||||||||||||||||||||||

'유사투자자문업자'. 용어만으로는 무얼 뜻하는지 정확히 알기 어렵다. 우선 용어에 대한 이야기부터 해보자. 투자자문업은 주식투자에 대한 자문을 해주고 돈을 버는 일을 말한다. 곧 어떤 사람이 특정 주식에 대해 주가가 오를지, 내릴지 물어보면 이에 대한 예견을 말해주는 것이라고 보면 되겠다. 그렇다면 유사투자자문업은 무엇일까?

투자자문업과 유사하다고 표현한 걸 보면 느낌이 올 것이다. 곧 불특정 다수에게 간행물이나 방송으로 주식투자에 대한 조언을 하면서 일정한 대가를 받는 것을 말한다. 특정인에게 자문을 하고 돈을 버는 것이 투자자문업, 불특정 다수에게 주식방송 등을 통해 조언을 건네고 돈을 버는 것이 유사투자자문업이라고 생각하면 이해하기 쉽다.

'희동이의 떡상채널'은 법적으로 문제가 있을까?

그럼, 앞서 언급한 '희동이의 떡상채널'을 살펴보자. 법적으로 문제가 있는지 말이다. 희동이의 채널은 처음에는 문제가 될 일이 없다. 그런데 어느 순간 문제가 될 수 있다. 그 시점이 언제일까? 바로 희동이가 유사투자자문업자가 되는 시점이다.

먼저 희동이가 유튜브 채널을 개설해 홀로 영상을 올리는 단계를 되짚어보자. 그 시점에서는 당연히 유사투자자문업자가 될 수 없다. 유사투자자문업자는 주식에 대한 영상을 올리면서 '대가'를 받아야 하기 때문이다. 그러면 영상 조회수가 늘어 광고수익을 얻기 시작한 시점에서는 희동이가 유사투자자문업자가 되었다고 볼 수 있을까? 이때도 아직 유사투자자문업자가 되었다고 볼 수 없다. 그 이유는 유사투자자문업자가 되려면 투자에 대한 조언을 듣기 위한 대가가 직접적으로 지급되어야 해

특정인에게 자문을 하고
돈을 버는 것은 투자자문업,
불특정 다수에게 조언을 건네고
돈을 버는 것은 유사투자자문업!

서다. 유튜브에서 지급하는 광고수익은 투자에 대한 조언으로 지급하는 대가라고 볼 수 없기에 희동이는 유사투자자문업자가 되지 않는 것이다.

그럼, 실시간 방송 중에 감사의 마음을 표하는 슈퍼챗이 발생했을 때 희동이는 유사투자자문업자가 되는 걸까? 이미 눈치챈 독자도 있겠지만 아직도 아니다. 슈퍼챗이란 영상을 보기 위해 지급하는 돈이 아니고 그저 방송을 보는 사람이 선택적으로 지급하는 돈에 불과해서다. 곧 이때도 자본시장법이 정하는 유사투자자문업자에 해당하지 않는다.

희동이가 멤버십 서비스를 시작해 멤버십 전용 영상을 올리기 시작한 때는? 맞다. 바로 이때부터 희동이는 유사투자자문업자에 해당한다. 유튜브 멤버십 서비스는 일정한 대가를 지급하는 회원제 상품이고, 여기에 가입한 사람만 영상을 볼 수 있도록 설정이 가능하다. 이런 상황은 곧 대가를 받고 주식에 대해 조언해주는 것에 해당한다. 따라서 희동이는 멤버십 서비스를 시작하기 전에 반드시 유사투자자문업 신고를 해야 한다. 만약 신고하지 않고 멤버십을 운영한다면 1년 이하의 징역 또는 3000만 원 이하의 벌금에 처해질 수 있다.

그럼, 희동이가 처벌을 받지 않으려고 유사투자자문업 신고를 했다고 치자. 희동이에게 댓글이나 이메일로 질문이 폭주한다. 희동이는 수많은 댓글에 일일이 답해주기 어려워 돈을 지급한 사람들의 질문에만 답하기로 하고 이를 공지했다. 이 상황에서 희동이에게 문제가 될 만한 것이 있을까? 앞에서 언급한 것처럼 희동이가 특정 개인의 질문에만 답하는 순간 유사투자자문업자를 넘어 투자자문업자가 되어버린다. 따라서 희동이는 유사투자자문업 신고만이 아니라 투자자문업자로 금융투자업 등록을 해야 한다. 만약 이를 이행하지 않고 투자자문업자의 임무를 행한 경우에는 3년 이하의 징역 또는 1억 원 이하의 벌금에 처해진다.

주식 방송은 신중하게

희동이의 사례를 보면서 유튜브를 통해 주식 방송을 할 때 어떤 점을 유의해야 하는지 대략 알게 되었을 것이다. 자기 능력을 공유하기 위해 주식 영상을 올리는 것은 그 자체로 문제가 되지 않는다. 하지만 자본시장에 주식 리딩이 끼치는 영향을 생각할 때 구독자가 많아져 대가를 지급받는 수준에 이르게 되면 국가가 관리할 수 있도록 반드시 신고 또는 등록을 해야 한다. 그래야 혹시 모를 난처한 상황을 맞닥뜨리지 않을 것이다.

총기 제조 영상은
재생목록에 저장만 해도 처벌?

||||||||||||||||||||||||||||||||||||||||||

재미있는 유튜브 영상을 재생목록에 저장하는 습관이 있는 A, 어느 날 사격 영상을 보다가 관심이 생겨 관련 영상들을 더 찾아보았다. 해외에서 제작한 영상들은 독특한 것들이 많았다. A는 총기를 제작해 사격하는 영상이 너무 인상적이어서 나중에 또 보려고 재생목록에 저장했다. 그런데 재생목록이 공개로 설정되어 있는 바람에 누군가 이를 신고했고, 정보통신망에 총기 제조법을 유포한 것에 해당한다며 재판을 받아야 하는 상황에 이르게 되었다. A의 행동이 과연 재판까지 받아야 할 정도로 큰 잘못일까?

잊을 만하면 들려오는 총기 사고

IIIIIIIIIIIIIIIIIIIIIIIIIIIIIIIIIIIIIIIIIIIIIIII

2022년 7월 일본에서 충격적인 소식이 들려왔다. 선거 유세 중이던 아베 신조 일본 전 총리가 괴한의 총에 맞아 사망했다는 소식이다. 오랜 기간 일본 총리직을 맡았던 사람의 피격 소식은 한국 사회에서도 큰 화제가 되었다.

〈요미우리신문〉 등 일본 언론은 범인이 유튜브 영상에서 총기 제조법을 참고했다고 보도했다. 범인은 총이 완성도를 갖출 때까지 여러 차례 제작해 시험했던 것으로 알려졌다.

놀라우면서도 두려운 이야기다. 유튜브 영상만 보고 총과 탄환을 만들어 사람을 살해할 수 있다니 말이다. 참 별일이 다 있다고 생각할 수 있겠지만 비단 남의 나라 일이 아니다. 한국에서도 이런 일이 아예 없었던 건 아니다. 2016년 발생한 오패산터널 총격사건은 사제총기 제조사건으로 널리 알려져 있다. 당시 범인은 자신이 거주하는 건물에서 부동산을 운영하던 피해자가 자신을 경멸한다는 생각에 사로잡혀 있었다. 이에 살해하겠다는 마음을 품고 유튜브를 참고해 사제 총을 만들어 피해자에게 발사했다(총알이 피해자를 비켜나가자 범인은 망치로 피해자를 가격했다). 이 과정에서 무고한 시민이 복부에 총상을 입었고, 범인 검거 과정에서는 경찰관이 총탄에 맞아 사망하기까지 했다.

총기 소지가 합법인 미국과 달리 한국은 일반인의 총기 소지가 불법이다. 당연히 총을 볼 일이 거의 없다. 사격장이나 촬영장이 아닌 곳에서 총을 소지한 사람을 보고 아무렇지 않게 여기는 사람은 아마 한국에 없을 것이다. 총을 실물로 보는 게 한국에서는 흔한 일이 아니다(군대를 제외하고). 그런데 개인이 직접 총을 만들어 쏜다니, 세상이 급격하게 변하고 있는 걸까?

과거 판결문을 찾아보니 이런 사례가 종종 있었던 것 같다. 인터넷에서 총기 제조법을 습득한 K는 CAD 프로그램으로 도면을 만든 뒤 이곳저곳에서 재료를 구해 총과 납탄을 만들었다. 이후 K는 발각되었는데, 법원은 총기를 제작한 혐의로 징역 1년 6월에 집행유예 3년을 선고했다.[35]

유튜브에 올라오는 총기 제조 영상
||||||||||||||||||||||||||||||||||||||||||||||||||||||||||||||||||||||

주목해야 하는 점은 총을 쏴 피해자를 사망에 이르게 한 이들이 유튜브 영상을 참고해 총을 만들었다는 점이다. 유튜브 콘텐츠가 불법과 관련해 큰 역할을 한 것이다.

한국에서는 유튜브를 참고해 총기를 제조한 경우 해당 총기를 사용하지 않았다 하더라도 처벌 대상이 된다. 한국은 경찰청장 등으로부터 허가받지 않은 상태에서 총기를 제작하면 아주 무겁게 처벌하는 조항을 두고 있다. 당연히 허가받지 않은

한국에서는 유튜브를 참고해

총기를 제조한 경우

해당 총기를 사용하지 않았더라도

처벌 대상이 된다.

판매나 소지도 불법이다. 그렇다면 유튜브에 올라온 총기 제조 영상을 시청하는 것도 처벌 대상이 될까?

총기 제작과 관련한 내용을 규정하는 '총포·도검·화약류 등의 안전관리에 관한 법률'에 따르면, 총기 제조 영상을 시청한 사람을 처벌한다는 규정은 없다. 다만, 해당 법에는 총기 제조법이나 설계도 같은 정보를 인터넷 등 정보통신망에 게시 또는 유포한 사람을 처벌하는 조항은 두고 있다. 곧 개인이 총기를 제작하는 영상이나 총기 설계도를 찍어 유튜브에 올린다면 법에 따라 처벌받을 수 있다는 이야기다.

유튜브 재생목록에 단순히 총기 제조 영상을 저장한다고 해서 형사재판을 받게 될 것이라고는 쉽게 생각하기 어려울 것이다. 그러나 타인이 게시한 총기 제조 영상을 별생각 없이 공개 설정된 재생목록에 옮겨 누군가 보게 된다면 자칫 심각한 범죄로까지 이어질 수 있다. 각별히 주의해야 하는 이유다.

해당 조항은 총기 제조법을 인터넷 같은 정보통신망에 고의로 게시하거나 유포한 사람만 처벌하고 있다. 자신의 재생목록이 전체 공개로 설정되어 있어 충분히 많은 사람이 그 영상을 볼 수 있다는 사실을 알았거나 적어도 알 수 있었다면 처벌받을 가능성이 높다. 물론 단 한 번이라면 처벌까지 가지는 않겠지만, 공유된 영상이 여러 편이고 오랜 기간 계속해서 올렸다면 그렇지 않을 수 있으니 주의가 필요하겠다.

총 쏘는 모습을 보여주는 영상과 총기 제조법을 알려주는 영상은 명확히 다르다. 적법하게 총기를 소지한 사람이 개인 소유의 총을 발사하는 영상을 게시하는 건 처벌 대상이 아니다. 반면 총기 제조법을 알려주는 영상은 그 이유를 불문하고 처벌 대상이 된다. 따라서 총기 제조 영상은 호기심이 생기더라도 가까이하지 말고, 만약 실수로 시청했다 하더라도 재생목록에 저장해 공유되는 일이 없도록 세심히 살피길 바란다.

인스타그램 DM을
반복적으로 보내는 것도 스토킹일까?

||||||||||||||||||||||||||||||||||||||||||||

A는 유튜버 B의 영상을 자주 시청하는 열혈 구독자다. 너무나 매력적인 B에게 A는 단번에 빠져들었다. 그런데 그 정도가 지나쳐 어느 순간 영상으로 보는 것으로는 만족이 되지 않았다. A는 방송이 아닌 실제로 B를 만나야겠다고 마음먹고 인스타그램 DM으로 한 번 만나달라는 메시지를 B에게 보냈다. 이에 B는 정중히 거절했다. 그런데도 A는 포기하지 않았다. 같은 내용의 DM을 지속적으로 B에게 보낸 것이다. 결국 참다 못한 B는 A를 형사고소하기에 이르렀다. A는 처벌을 받을까?

정도가 지나치면 대가를 치러야 한다

유튜버를 비롯해 대중에게 긍정적으로 노출되는 이들은 하나둘 팬이 생기곤 한다. 서로가 응원해주고 지지해주는 관계로 발전한다면 아주 바람직하겠지만 때로 지켜야 할 선을 넘는 사람도 나타나기 마련이다. 그 정도가 지나쳐 사생활 침해를 받는 정도에 이른다면 무척 난감한 상황이 펼쳐진다. 이를 어떻게 해결해야 할까. 유튜버의 삶을 존중해 달라는 말을 전하는 선에서 해결되면 가장 좋겠지만, 결국 형사고소에 이르는 지경으로 치닫는 경우도 종종 생긴다. 앞의 사례가 대표적이다. 결론적으로 말하면 A는 형사처벌을 받게 될 것이다. 그럼, 무슨 죄로 형사처벌을 받는 걸까?

스토킹처벌법이 존재하는 이유

'스토킹범죄의 처벌 등에 관한 법률'(약칭 스토킹처벌법)이라는 게 있다. 아마도 스토킹 상황이 계속 발생하다 보니 만들어진 법일 것이다. 이 법은 "지속적 또는 반복적으로 스토킹 행위를 한 사람에게 3년 이하의 징역 또는 3000만 원 이하의 벌금에 처한다"라고 규정하고 있다.[36] 여기서 스토킹 행위란 상대 의사에 반해 접근하거나 주거, 직장, 학교 부근에서 기다리거나 지켜보는 행위만이 아니라, 전화 같은 정보통신망을 이용해 물건이나 글, 말, 음향을 상대에게 전하는 행위[37]를 통해 불안감 또는 공포심을 조성하는 행위까지 포함한다.

그런데 스토킹 범죄가 성립하려면 피해자가 실제로 불안감이나 공포심을 느껴야만 하는 걸까? 반드시 그렇지는 않다. 상대가 불안감이나 공포심을 느꼈는지 여부와 관계없이 그 감정들을 일으키기 충분한 행위를 했다면 스토킹에 해당한다. 이런 일련의 행위가 지속되거나 반복되면 스토킹 범죄가 성립하는 것이다. 또 비교적 경미한 수준의 행위더라도 누적적·포괄적으로 불안감이나 공포심을 일으킨다면 이 역시 스토킹 행위로 볼 수 있다고 대법원은 판시하고 있다.[38]

앞 사례도 여기에 해당한다. 곧 A는 B가 실제로 불안감이나 공포심을 느꼈는지 여부와 관계없이 객관적·일반적으로 불안감이나 공포심을 일으키기 충분한 정도로 B에게 DM을 계속해서 보냈기 때문에 스토킹 범죄에 해당하는 것이다. 설령 A가 보낸 DM이 비교적 경미한 수준일지라도 '누적적·포괄적'으로 봤을 때 불안감이나 공포심을 일으키기 충분하다면 이 역시 스토킹 행위에 해당한다.

물론 한두 차례 DM을 보낸 정도라면 지속성이나 반복성이 있다고 볼 수 없어 넘어갈 수도 있다. 그런데 그게 어느 정도일까? 대법원은 5일에 걸쳐 이메일을 4회 전송하고, 그로부터 3주

뒤 피해자의 직장 앞에서 피해자를 지켜본 가해자에게 스토킹 범죄가 인정된다고 판결한 적이 있다.[39] 최근 배우 C의 사생팬이 "저를 당신의 집사로, 반려자로 받아주시겠습니까?"라는 메시지를 보내고, 집이나 직장 앞에서 기다리는 행위를 계속하다가 스토킹처벌법에 따라 징역 1년에 집행유예 2년을 선고받은 사례도 같은 맥락이다.

한편, 가해자가 피해자에게 여러 차례 전화를 걸었지만 통화는 되지 않은 경우, 전화 연결은 되었지만 가해자가 아무 말을 하지 않은 경우는 어떨까? 처벌이 가능할까? 피해자의 휴대전화에 벨소리가 울리게 하거나 부재중 문구가 표시되도록 해 상대에게 불안감이나 공포심을 일으켰다면 실제 통화가 이뤄졌는지 여부와 상관없이 스토킹 행위에 해당한다.[40] 가해자가 피해자와의 통화에서 아무 말을 하지 않았더라도 마찬가지다. 이는 "음향, 글 등을 도달하게 하는 행위"에 해당하기 때문이다.[41]

정보통신망법과 성폭력처벌법에도 저촉될까?

앞서 A의 행위는 스토킹처벌법만이 아니라 다른 법에도 저촉될 소지가 있다. 바로 정보통신망법과 성폭력처벌법이다. 먼저 정보통신망법은 "누구든지 정보통신망을 이용해 공포심이나 불안감을 유발하는 문언, 음향, 영상 등을 반복적으로 도달하게

상대가 불안감이나 공포심을

느꼈는지 여부와 관계없이

그 감정들을 일으키기 충분한

행위를 했다면 스토킹이다.

한 자를 1년 이하의 징역 또는 1000만 원 이하의 벌금에 처한다"라고 규정하고 있다.[42] 그런데 불안감이나 공포심을 유발하는 문언을 반복적으로 상대에게 도달하게 하는 행위에 해당하는지는 어떻게 판단할까? 이때는 상대에게 보낸 문언의 내용과 표현 방법, 함축된 의미, 피고인과의 관계, 문언을 보낸 경위, 횟수 및 그 전후 사정, 상대가 처한 상황을 종합적으로 고려해 판단한다.[43] 앞 사례에서 B가 명백히 거절했는데도 "만나달라. 만나주지 않으면 해코지하겠다" 같은 DM을 A가 보냈다면 정보통신망법을 위반(불안감 조성행위)한 것으로 볼 수 있다.

또 성폭력처벌법은 "자기 또는 다른 사람의 성적 욕망을 유발하거나 만족시킬 목적으로 전화, 컴퓨터 등 통신매체를 통해 성적 수치심이나 혐오감을 일으키는 말, 글 등을 상대에게 도달하게 한 사람에게 2년 이하의 징역 또는 2000만 원 이하의 벌금에 처한다"라고 규정하고 있다.[44]

만약, 앞 사례에서 A가 B에게 성적 수치심을 일으키는 내용의 DM을 보냈다면 이는 성폭력처벌법 위반(통신매체이용음란)에 해당한다. 이를 두고 A가 "나는 성적 욕망을 유발하거나 만족시킬 목적이 없었다. 단지 나와 대화를 거부한 것에 화가 나서 반복적으로 DM을 보낸 것뿐이다"라고 항변한다면 그 항변이 인정될까?

성적 욕망에는 성행위나 성관계를 직접적 목적이나 전제로 하는 욕망만이 아니라 상대를 성적으로 비하하거나 조롱하는 등 상대에게 성적 수치심을 줌으로써 자신의 심리적 만족을 얻고자 하는 욕망도 포함된다. 또 이런 성적 욕망이 상대에 대한 분노감과 결합되어 있더라도 마찬가지다.[45] 곧 A는 자신의 성적 욕망을 분노감과 함께 표현한 것이므로 성폭력처벌법에 따라 처벌받을 가능성이 크다.

구독자의 선 넘는 행동에
위협을 느낀다면?

||||||||||||||||||||||||||||||||||||||||||

유튜버 A는 구독자 B 때문에 골치가 아프다. B는 수시로 "저는 A님의 열렬한 팬이에요. 꼭 한번 만나고 싶습니다"라는 댓글을 단다. 많게는 하루에 100건 이상 달 때도 있다. A는 최대한 예의를 갖춰 만남은 어렵다는 뜻을 전달했다. 그런데도 B는 포기하지 않았고 오히려 정도가 더 심해졌다. 단순히 댓글만 다는 게 아니라 이메일도 계속 보낸다. 어떻게 전화번호를 알아냈는지 모르지만 문자메시지까지 남기고 급기야 전화를 걸기도 한다. 연락하지 말아달라고 여러 번 이야기했지만, B는 자신을 만나줄 때까지 계속 연락하겠다는 입장이다.

더욱 넓어진 스토킹의 범위

|||||||||||||||||||||||||||||||||||||||||||||||

 짝사랑은 범죄가 아니지만 스토킹은 분명한 범죄다. 다른 사람을 몰래 따라다니는 행동, 그 사람이 있는 장소에 불쑥 나타나 사진을 찍는 일 등이 당사자 의사에 반해 일어난다면 스토킹이다. 스토킹은 오프라인 공간에서만 일어나는 게 아니라 온라인 공간에서도 벌어지고 있다.

 온라인 스토킹 범죄가 피해자에게 미치는 부정적 영향은 오프라인 스토킹 범죄 못지않다. 오프라인에 비해 빈도수가 더 많을 뿐 아니라 익명성을 바탕으로 더욱 과감하게 스토킹이 이뤄져서 온라인 스토킹 범죄가 오히려 더 악랄한 경우도 많다. 기존 법률은 오프라인 스토킹 범죄를 주로 처벌하고 있을 뿐이고, 온라인에서 벌어지는 스토킹 범죄에 대해서는 처벌하지 않는 일이 많았다. 이런 처벌의 공백을 메우기 위해 2023년 7월 11일 '스토킹처벌법(스토킹범죄의 처벌 등에 관한 법률)'이 개정되었다.

 법률 개정으로 스토킹으로 처벌되는 행동의 범위가 더욱 넓어졌다. 상대의 정보를 인터넷으로 다른 사람에게 제공하거나 배포·게시해 불안감을 야기하는 것도 '스토킹 행위'의 하나로 추가되었다.[46] 누군가의 개인정보를 동의 없이 다른 사람에게 제공하는 건 개인정보보호법에 따라 원칙적으로 금지되어

왔다. 그런데 이제는 개인정보를 무단으로 제공하는 것이 개인정보보호법만이 아니라 스토킹처벌법에도 저촉되는 것이다.

실제로 개인정보를 무단으로 제공해 제재를 받은 유튜버가 있다. Y는 자신의 유튜브 채널을 통해 다른 유튜버 K의 신상정보를 여러 차례 알렸고, K는 Y를 스토킹 혐의로 고소했다. 사건을 담당한 경기 수원남부경찰서는 2023년 11월 초 Y를 개정 스토킹처벌법에 따라 스토킹 혐의로 입건했다. 법원은 Y에게 피해자 K가 있는 곳 100미터 이내로는 다가가지 말고 인터넷으로도 접근하지 말라는 명령을 내렸다.

안타깝게도 스토킹 범죄는 점점 교묘해지고 있다. 예전에는 없던 방식으로 스토킹하는 일이 많아지고 있는데, 대표 사례가 다른 사람을 가장해 스토킹하는 것이다.

갑은 마치 자신이 을인 것처럼 가장해 을의 지인들과 제3자에게 SNS로 을의 합성 사진을 보냈다. 이런 행동도 스토킹 범죄에 해당할까? 전통적인 스토킹 개념에 따르면, 을에게 직접 연락한 건 아니어서 스토킹이 아니라고 생각할 수 있지만 그렇지 않다. 현재의 스토킹처벌법은 상대의 정보를 이용해 자신이 상대인 것처럼 가장해서(속여서) 상대에게 공포심을 느끼게 하는 행위도 스토킹으로 규정하고 있다.[47]

피해자인 을의 입장에서 생각해보면 다른 사람이 자신인 것처럼 행동하는 건 매우 섬뜩한 일이다. 가족이나 지인들이 자

2023년 7월 11일 개정된

스토킹처벌법에 따라

스토킹에 해당하는 행동 범위는

더욱 넓어졌다.

신의 합성 사진을 SNS를 통해 보게 되었을 때 느낄 무력감이나 수치심은 이루 말할 수 없을 것이다. 특히 그 사진이 음란한 내용이라면 더더욱 그렇다. 그런 일을 겪는다면 SNS 등 온라인 활동은 물론이고 사회생활에도 심대한 타격을 입는다. 심각한 경우에는 정신적 트라우마를 겪을 수 있다.

이런 사례도 있다. C는 평소 알고 지내던 D가 수시로 연락하는 게 불편해서 D의 전화번호를 차단했다. 이 사실을 알게 된 D는 다른 사람의 휴대전화를 빌려 C에게 계속 전화를 걸었지만 C는 그 전화 역시 받지 않았다. 그 후 D는 C를 스토킹했다는 혐의로 재판을 받았는데 "C와 통화가 된 것도 아니고 단순히 전화를 걸기만 했는데, 이게 무슨 스토킹이냐?"라고 반박했다. 얼핏 보면 그럴듯해 보이지만 법원은 D의 행동도 스토킹이라고 판단했다. 설령 상대가 전화를 받지 않았더라도 휴대전화 벨소리를 울리게 하거나 부재중 문구가 찍히게 해 상대가 불안감을 느꼈다면 실제 통화가 이뤄지지 않았더라도 스토킹이라고 본 것이다.[48]

합의하면 되는 것 아닌가요?

당연한 말이지만 범죄는 절대 저질러서는 안 된다. 그럼에도 어쨌든 범죄 당사자가 되었다면 신속하게 피해자에게 사과하고 합의를 해야 한다. 합의는 피해자의 피해를 회복시키는 최소한의 도리일 뿐 아니라 가해자에 대한 처벌을 낮출 수 있는 방안이다.

어떤 경우에는 피해자와 합의하면 처벌받지 않기도 하는데, 이른바 '반의사불벌죄'일 때다. 반의사불벌죄란 피해자가 가해자의 처벌을 원하지 않으면 가해자를 처벌하지 않는 유형의 범죄를 뜻한다. 대표적으로 폭행죄가 반의사불벌죄다. 다른 사람을 때렸더라도 피해가 경미하고 피해자가 합의서를 잘 써주면 폭행죄로 처벌되지 않는다. 같은 논리는 스토킹 범죄에도 그대로 적용되었다. 피해자가 "가해자의 처벌을 원하지 않습니다"라고 말하면 스토킹 가해자는 처벌받지 않았던 것이다. 원래 반의사불벌죄는 피해자의 의견을 존중해서 피해자의 뜻과 다르게 처벌이 이뤄지는 걸 막기 위한 제도였는데, 시간이 지나면서 문제점이 많이 노출되었다. 가해자가 피해자를 협박해 억지 합의를 하는 일이 잦아진 것이다. 이런 문제를 해결하기 위해 2023년 7월 11일 스토킹처벌법이 개정되었고, 현재 스토킹 범죄는 반의사불벌죄가 아니다. 곧 이제는 피해자가 가해자의 처벌을 원치 않아도 가해자는 처벌받는다. 물론 반의사불벌죄는 아니라 하더라도 합의 여부는 처벌 수위를 정할 때 고려가 되니 진지한 반성과 사죄에 기반한 합의는 여전히 중요하다.

"열 번 찍어 안 넘어가는 나무 없다"라는 속담이 있다. 이는 아무리 어려운 일도 노력하면 못 이룰 것이 없다는 의미다. 부단한 노력은 성공의 지름길이지만 이 속담을 연애에 잘못 적용하면 문제가 생긴다. "열 번 찍어 안 넘어가는 여자(남자) 없다"라면서 상대에게 접근하는 것이 바로 스토킹 범죄의 시발점이다. 스토킹처벌법은 상대가 원하지 않는 '열 번 찍는 시도'를 범죄로 규정하고 있다. 오프라인 공간에서의 스토킹만이 아니라 온라인 공간에서 일어나는 각종 스토킹 역시 처벌 대상이라는 점을 냉정하게 인식하고 자신의 행동이 선을 넘지 않도록 세심하게 주의를 기울이길 바란다.

타인의 얼굴을
함부로 촬영하면 문제가 될까?

||||||||||||||||||||||||||||||||||||||||

A는 음식을 배달하는 라이더이자 유튜버다. 라이더 일을 하면서 브이로그처럼 일상을 담아 올리고 있다. 처음에는 재미 삼아 한두 편 올렸는데 의외로 반응이 좋아 이제는 일주일에 한 편씩 정기적으로 올리고 있다. 구독자는 꾸준히 늘어 수만 명에 이르렀다. 그러던 중 일이 발생했다. 2020년 4월경 A는 영상 콘텐츠를 만들 목적으로 한 문구점으로 B와 C에게 음식을 배달했다. 그러고는 B와 C의 동의 없이 얼굴을 촬영했고 그 영상이 포함된 콘텐츠를 채널에 올렸다. 그런데 그 영상을 우연히 본 B와 C가 개인정보를 침해했다면서 A를 고소했다. A는 정말 개인정보를 침해한 걸까?

개인정보란 무엇일까?
||||||||||||||||||||||||||||||||||||||||||

개인정보란 살아 있는 개인에 관한 정보다.[49] 곧 이름이나 주민등록번호가 대표적이고, 영상을 통해 누구인지 알아볼 수 있다면 그것 역시 개인정보에 해당한다. 또는 어떤 정보만으로는 특정 개인을 알아볼 수 없지만 다른 정보와 결합하면 알아볼 수 있는 정보를 의미한다.[50] 이를테면 얼굴이 나온 영상만으로는 누구인지 알아보지 못하지만 주소를 결합하면 누구인지 알수 있는 경우를 말한다.

법은 "개인정보를 다루는 사람은 거짓이나 그 밖의 부정한 수단과 방법으로 개인정보를 취득하거나 처리에 관한 동의를 받는 행위, 업무상 알게 된 개인정보를 누설하거나 권한 없이 다른 사람이 이용하도록 제공하는 행위, 정당한 권한 없이 또는 허용된 권한을 초과해 다른 사람의 개인정보를 이용, 훼손, 멸실, 변경, 위조 또는 유출하는 행위를 해서는 안 된다"라고 규정하고 있다.[51]

앞 사례에서 A는 거짓이나 그 밖의 부정한 수단으로 B와 C의 개인정보를 취득했고, 정당한 권한 없이 이를 유출했기 때문에 개인정보보호법을 위반한 것에 해당한다(5년 이하의 징역 또는 5000만 원 이하의 벌금).

한편, A가 얼굴이 아니라 성적 욕망 또는 수치심을 유발하는 신체(가슴, 엉덩이 등)를 B와 C 몰래 촬영했다면 어떻게 될까? 이때는 '성폭력 범죄의 처벌 등에 관한 특례법' 제14조(카메라 등을 이용한 촬영)에 해당해 더욱 강한 처벌을 받는다.

타인의 얼굴을 허락 없이 촬영하면 모두 처벌받을까?

그런데 타인의 얼굴을 허락 없이 촬영하면 항상 처벌받는 걸까? 모든 국민은 헌법 제10조에서 보장하는 초상권을 가진다. 초상권은 자기 얼굴을 비롯해 특정인임을 식별할 수 있는 신체적 특징이 함부로 촬영되거나 공표되지 않을 권리, 영리적으로 이용당하지 않을 권리를 말한다. 누구나 이런 초상권을 가지므로 동의 없이 촬영했다면 이는 타인의 초상권을 침해하는 행위다. 그러나 초상권이 제한 없이 인정되는 것은 아니다. 이를테면 그 내용이 공공의 이익을 위한 것이고 표현 내용이나 방법이 부당한 것이 아니라면 문제가 되지 않는다.

예를 들어, 아파트 입주자 D는 단지 내에 현수막을 게시하던 중 다른 입주자 E로부터 제지를 받자 욕설을 퍼부었다. 그런데 아파트 부녀회장 F가 말다툼 중인 D의 영상을 촬영해 입주자대표회장에게 전송했다. 여기서 F의 행위는 D의 초상권을 침해했다고 볼 수 있을까?

공동주택관리법령에 따르면, 입주자는 공동주택에 광고물

이나 표지물을 부착할 때 관리 주체의 동의를 받아야 한다. 그런데 D가 동의 없이 무단으로 현수막을 걸었고, 그 내용이 아파트 관리 방법에 관한 것으로 공적 논의에 해당하는 것이며, 해당 영상이 입주자 대표 등 관리 주체에게만 제한적으로 전송되었다면, F가 해당 영상을 촬영하고 전송한 목적의 정당성이 인정되어 위법성이 없다고 볼 수 있다.[52]

또다른 예를 살펴보자, 보험사 직원이 민사재판에 낼 증거를 수집하기 위해 교통사고 피해자들을 따라다니면서 사생활을 몰래 촬영했다면 어떨까? 초상권을 침해한 걸까?

교통사고 피해자라 할지라도 초상권과 사생활의 비밀, 자유를 침해받지 않을 헌법상 권리를 당연히 갖는다. 반면 보험사는 민사소송에서 허위나 과장된 청구를 밝혀야 하는, 곧 '진실 발견'이라는 이익, 부당한 손해배상책임에서 벗어남으로써 전체 보험 가입자들의 보험료를 낮춰야 하는 공동 이익을 추구해야 한다. 그런데 이는 교통사고 피해자들의 초상권 그리고 사생활의 비밀, 자유와 충돌하는 이익이다. 이때 법원은 어떤 판단을 내릴까? 우선 두 이익을 비교해 침해행위의 위법성 여부를 판단한다.

소송에서 진실을 발견하는 이익이 교통사고 피해자들의 인격적 이익보다 더 우월하다고 단정할 수 있을까? 미행이나 감시를 당함으로써 자신의 일상이 타인에게 노출된다면 그 피해

공공의 이익을 위한 것이고

그 표현 내용이나 방법이

부당하지 않다면

초상권은 문제가 되지 않는다.

가 결코 작다고 할 수 없다. 또 소송 당사자는 법이라는 테두리 안에서 증거를 수집해야 한다. 법을 무시하고 증거를 수집하는 것은 한국의 법체계에서 허용하지 않기 때문이다. 곧 증거 수집을 위한 보험사 직원의 행위는 결코 정당화될 수 없는 것이다. 다시 말해 교통사고 피해자들의 초상권을 침해한 행위에 해당한다.[53]

4장

명예훼손과 모욕 그리고 초상권과 각종 권리들

내 명예를 훼손하는
유튜브 영상을 삭제하려면?

||||||||||||||||||||||||||||||||||||||||||

A는 강남구에서 한식당을 운영하고 있다. A의 식당은 음식이 정갈하고 직원들이 친절해 늘 손님이 많았는데, 지금은 파리만 날리고 있다. 상황이 급변한 건 얼마 전 인터넷 신문사인 B사가 올린 유튜브 영상 때문이다. B사는 영상에서 "홍길동 국회의원이 얼마 전 거액의 뇌물을 받았는데, 뇌물을 받은 장소가 A의 식당이다"라고 주장했다. 이 영상이 화제가 되면서 A의 식당은 부정적 이미지를 갖게 되었고 식당 손님은 뚝 끊겼다. A가 확인한 바에 따르면, 홍길동 국회의원은 식당을 방문한 적이 없다. 그런데도 사실과 다른 영상이 유튜브에 계속 올라와 A는 답답하기 그지없다.

유튜브 영상을 내리는 세 가지 방법

|||||||||||||||||||||||||||||||||||||||||||||||||||||||||||

유튜브의 파급력이 워낙 크다 보니 유튜브 영상 때문에 본의 아니게 피해를 입는 경우가 적지 않다. A도 마찬가지다. A는 당장이라도 유튜브 영상을 내리고 싶은 마음이 굴뚝같을 것이다. 하지만 본인이 올린 영상이 아니니 마음대로 할 수가 없다.

만약 B사의 보도가 사실이라면 B사의 영상을 문제 삼기는 현실적으로 어렵다. 흔히 언론을 '감시견Watch Dog'이라고 부르는 것에서 알 수 있듯이 언론의 사명은 국가권력이 제대로 작동하는지 감시하는 것이고, B사는 국회의원의 비리를 밝히려는 공익적 목적으로 그 영상을 촬영해 올린 것이기 때문이다.

하지만 B사의 보도가 사실이 아니라면 이야기가 달라진다. 가짜뉴스에 가까운 영상이 유튜브에 올라와 있는데 이걸 가만히 놔둔다면 피해자 입장에서는 무척 억울할 것이다. 유튜브 영상을 삭제하려면 어떻게 해야 할까? 세 가지 방법이 있다.

첫째는 동영상 게시자에게 삭제를 요청하는 것이다. 사실관계를 명확히 밝히면서 영상 내용이 허위이니 영상을 내려달라고 요구하는 건 당연히 가능하다. 그런데 이 방법에는 실효성에 의문이 있다. 아무리 사실을 밝혀도 영상 게시자가 해명을 납득하지 않을 수 있으니 말이다. 오히려 이런 요청이 있었다는 사실을 추가로 공개하며 이슈를 계속 양산할 가능성도 있다.

둘째는 유튜브를 운영하는 업체, 곧 구글에 해당 동영상을 신고하는 것이다. 유튜브는 특정인의 권리를 침해하거나 명예를 훼손하는 영상을 신고할 수 있도록 장치를 마련해두고 있다. 하지만 이 절차 역시 한계가 있다. 권리침해신고가 있다고 해서 구글이 곧바로 영상을 삭제하지는 않기 때문이다. 한쪽 주장만으로 영상을 삭제하면 영상 게시자의 항의를 받을 수 있기에 구글은 매우 신중하게 접근하는 경향이 있다. 또 구글과 같은 해외 사업자들은 표현의 자유를 중시하는 편이다.

셋째는 법원에 영상 삭제를 요청하는 것이다. 일반적으로는 '게시물 삭제 및 게시금지 가처분'을 신청한다. 원래 가처분假處分은 상대가 재산을 처분하는 걸 막기 위해 소송을 제기하기 전에 미리 재산을 묶어두는 절차로 많이 활용된다. 그렇다고 가처분이 꼭 재산을 임시로 묶어두는 데에만 이용되는 것은 아니고 유튜브 영상 삭제에도 활용할 수 있다.

누구에게나 명예권이 있다
IIIIIIIIIIIIIIIIIIIIIIIIIIIIIIIIIIIIIIIIIII

영상 삭제를 요청할 수 있는 법적 근거는 이른바 '명예권'이다. 흔히 명예는 높은 자리에 있거나 사회적으로 성공한 사람만 갖는다고 생각하기 쉽지만, 법적 관점에서 보면 사람이라면 누구나 명예권을 가진다. 명예는 사람의 품성, 덕행, 명성, 신용

영상 삭제를 요청할 수 있는
법적 근거는 바로 '명예권'이다.
명예가 침해되면 명예권에 근거해
법적 행동을 취할 수 있다.

같은 인격적 가치에 대해 사회로부터 받는 객관적 평가인데, 명예가 침해되면 명예권에 근거해 법적 행동을 취할 수 있다.

명예를 침해당하면 손해배상을 청구할 수도 있고[54] 명예회복을 위한 처분을 요구할 수도 있다.[55] 손해배상은 돈을 달라는 것이어서 익숙한데, 명예회복을 위한 처분은 낯설게 느껴질 것이다. 잘못된 언론기사가 나간 뒤에 언론사가 정정보도를 하는 경우가 있는데, 이런 정정보도가 명예회복을 위한 처분의 대표 사례다.

손해배상이나 명예회복을 위한 처분은 명예를 보호하는 유용한 도구기는 하지만, 문제가 생긴 뒤에 해결책을 찾는 사후적 방법이라는 한계가 있다. 명예는 한 번 훼손되면 다시 복구하는 게 매우 어렵기 때문에 침해행위를 미리 예방하는 게 중요하다. 곧 현재 명예가 침해되고 있는 행위를 없애거나 장래에 발생할 명예 침해를 예방하기 위해 침해행위를 금지할 수 있는 권리가 있는데, 이걸 법적으로 '방해배제청구권'이라 부른다. 쉽게 말해 유튜브 영상이 내 명예를 침해하고 있을 때 그 영상을 삭제해달라고 요청할 수 있는 권리가 바로 방해배제청구권인 것이다.

'게시물 삭제 및 게시금지 가처분'을 신청하면 법원은 삭제 여부를 고심한다. 사실 유튜브 영상을 삭제하라는 명령을 내릴지 말지를 결정하는 문제는 쉬운 일이 아니다. 영상을 제작한 사람의 표현(언론)의 자유와 영상으로 침해되는 누군가의 인격권이 충돌하는 영역이기 때문이다. 두 개의 상반된 가치 중에서 어떤 권리를 우선할지에 대해 일률적인 기준을 세우기는 매우 어렵고, 개별 사안에 따라 결론이 달라질 수밖에 없다. 판사의 주관적 판단이 어느 정도 개입될 수밖에 없지만, 그렇다고 전적으로 판사 마음대로 결정되는 건 아니다. 법원이 정한 기본 기준은 다음과 같다.

- 영상 내용이 허위인가?
- 영상을 게시한 목적이 공익보다는 사익을 위한 것인가?
- 영상으로 인해 피해를 입는 사람의 피해의 정도가 큰가?

위 세 질문에 대해 "그렇다"라는 대답이 많을수록, 달리 말하면 허위 내용인데다 공익적 목적은 약하면서 상대의 피해가 클수록 법원이 영상을 삭제하라는 결정을 내릴 가능성이 높다. 실제로 법원은 이른바 '청담동 술자리 의혹'(대통령과 법무부 장관이 대형 로펌 변호사 다수와 청담동 바에서 술을 마셨다는 의혹)을 제기한 언론사에게 영상을 삭제하라는 결정을 내린 바 있다.[56]

서두에서 밝힌 것처럼 영상 삭제 여부를 결정할 때 그 내용이 사실인지 여부는 매우 중요한 요소다. 그렇다면 사실인지 아닌지는 누가 증명해야 할까? 1차적 증명 책임은 의혹을 제기하는 측(영상을 제작한 측)이 부담한다. 특정 사실의 '존재'를 증명하는 것은 비교적 쉽지만, 특정한 사실의 '부존재'를 증명하는 건 매우 어렵기 때문이다. 예컨대, 갑이라는 사람이 "을이 교통사고를 일으켰다"라고 주장하는 경우, 그 사실을 갑이 증명해야 하는 것이다. 상식적으로 생각해봐도 을이 교통사고를 일으키지 않았다는 사실을 증명하는 건 상당히 난해한 일이다. 물론 의혹을 제기당한 측도 증명 책임을 부담하기는 한다. 의혹 제기자가 신빙성 있는 근거를 제시하면 그 근거가 사실이 아니라는 점을 주장해 방어하는 것이다.

실효성을 높이기 위한 간접강제

법원이 유튜브 영상을 삭제하라는 결정을 내리면 대부분의 사람은 법원 결정에 따른다. 하지만 어디에나 이상한 사람은 있다. 법원 결정을 무시하는 이도 더러 있는 것이다. 그런 경우를 예방하기 위한 제도가 바로 '간접강제'다.

간접강제는 특정한 의무를 부과하고 그 의무를 이행하지 않았을 때 돈을 내게 만드는 것이다. 직접적으로 의무를 이행하게 만드는 것이 아니라 돈을 내게 해서 의무를 이행하게 만든다는 특징이 있어 '간접'이라는 말이 붙었다. 간접강제는 가처분 사건에서 많이 활용되는 제도다. 법원이 문제가 있는 유튜브 영상을 삭제하라는 명령을 내리면서 "만약 영상을 삭제하지 않으면 매일 50만 원의 돈을 지급하라"라고 명령하는 식이다. 물론 50만 원은 하나의 예시이고 법원 명령을 이행하지 않았을 때 내야 하는 돈(간접강제금)은 사안에 따라 다르다.

영상 삭제 결정과 간접강제 결정이 하나의 세트처럼 항상 같이 움직이는 건 아니다. 법원이 유튜브 영상을 삭제하라는 결정은 하지만, 간접강제 결정은 하지 않을 수도 있다. 하지만 간접강제가 있으면 유튜브 영상 제작자가 느끼는 압박이 더 크므로, 법원에 유튜브 영상 삭제를 청구할 때는 간접강제까지 같이 신청하는 것이 좋다.

타인을 저격하는
콘텐츠의 위험성

||||||||||||||||||||||||||||||||||||||||||||||

A는 무속인을 소개하는 유튜브 채널을 운영하고 있다. 의외로 무속인에 대한 사람들의 관심이 높다. 이에 A는 조금 더 자극적인 콘텐츠를 구상하기 시작했다. 아무래도 그런 콘텐츠에 사람들이 열광하기 때문이다. A가 찾은 콘텐츠는 저격 콘텐츠였다. "돈에 미치고 환장해 안 좋게 사기 치는 무당 이야기를 해드리겠다. 나보다 더 구독자가 많은 유명한 무당이다. 그 무당은 돈 있는 사람에게만 전화하는 장사꾼이다"라면서 B를 저격하는 영상을 올린 것이다. 그러자 저격당한 B가 명예훼손으로 A를 고소하기에 이르렀다. A는 어떻게 될까?

명예훼손죄가 성립하려면?

|||||||||||||||||||||||||||||||||||||||||||||||||||||

'정보통신망 이용 촉진 및 정보보호 등에 관한 법률'(이하 정보통신망법) 제70조는 "사람을 비방할 목적으로 정보통신망을 통해 공공연하게 사실 또는 거짓의 사실을 드러내어 다른 사람의 명예를 훼손한 자를 처벌"한다고 규정하고 있다. 그 내용이 사실일 경우에는 3년 이하의 징역 또는 3000만 원 이하의 벌금이고, 허위사실일 경우에는 7년 이하의 징역 또는 10년 이하의 자격정지 또는 5000만 원 이하의 벌금에 처한다는 것이다. 그렇다면 앞 사례는 이 법에 저촉될까? 만약 그렇다면 어떤 이유에서일까?

정보통신망법(명예훼손) 위반이 성립하려면 우선 피해자가 특정되어야 한다. 그러나 반드시 누군가의 이름을 명시해야만하는 것은 아니고 그 표현이나 주위 사정을 종합해보면 누구인지 알 수 있을 때에도 명예훼손죄가 성립한다.[57] 바꿔 말하면 온라인에서 닉네임만으로 피해자를 특정하기 어렵다면 명예훼손죄가 성립하지 않는 것이다.

앞 사례에서 A는 B가 누구인지 구체적으로 이름을 밝히지는 않았다. 하지만 누구나 A보다 구독자 수가 많은 유명 무속인이 누구인지 알 수 있기 때문에 B가 특정되었다고 볼 수 있다. 또 정보통신망법 위반이 성립하려면 사람을 비방할 목적이 있

반드시 누군가의 이름을 명시해야만
명예훼손죄가 성립하는 것은 아니다.
그 표현이나 주위 사정을 종합해봤을 때
누구인지 알 수 있다면
명예훼손죄가 성립한다.

어야 하는데, 사람을 비방할 목적이란 가해의 의사나 목적을 말하는 것이다. 곧 공공의 이익을 위한 것과는 다른 것이다. 콘텐츠에서 밝힌 내용이 공공의 이익에 관한 것일 때는 특별한 사정이 없는 한 법원은 비방할 목적이 있다고 보지 않는다.[58] 다시 앞 사례를 보자. A는 B가 돈만 밝힌다거나 사기를 친다는 인상을 줄 만한 영상을 내보냈다. A의 유튜브 구독자 수를 감안할 때 그 전파력이 상당히 클 것으로 예상되기에 이는 공익적 목적이라기보다 단순히 B를 깎아내릴 의도로 영상을 올렸다고 보는 게 타당해 보인다. 이 사안에서 결국 A는 정보통신망법 위반에 해당해 처벌을 받아야 했다.[59] 그런데 만약 A가 언급한 내용이 허위였다면 어떻게 될까? 그렇다면 A는 허위사실을 유포해 B의 업무를 방해한 것이 된다. 곧 업무방해죄까지 성립할 수 있는 것이다.

피해자와 형사합의를 해도 처벌받을까?

이 상황에서 A가 B와 형사합의를 하면 상황이 달라질까? 그래도 처벌받을까? 결론적으로 말하자면 A는 처벌받지 않는다. 정보통신망법은 반의사불벌죄다. 곧 피해자가 가해자의 처벌을 원하지 않는다는 의사표시를 하면 처벌할 수 없다. 다시 말해 A가 B에 대한 사과방송을 하고 형사합의까지 했다면 A는 처벌받지 않는 것이다. 형사합의 과정에서 B는 A로부터 합의금을 받고, A는 B로부터 처벌불원서(피해자의 처벌을 원하지 않는다는 내용의 확인서)나 탄원서를 받으면 형사합의는 원만히 마무리된다. 이후 A는 수사기관에 이를 제출하면 된다.

1인 미디어가 확장되면서 순간의 실수로 타인의 명예를 훼손하는 일이 비일비재하게 발생하고 있다. 이런 상황에 이르지 않는 게 가장 좋겠지만 이미 일이 벌어진 상황이라면 형사합의를 통해서라도 처벌을 면하는 게 가장 현명한 방법일 것이다. 콘텐츠를 제작하기 전에는 항상 누군가의 명예를 훼손할 위험은 없는지 재차 확인하는 습관을 가져야 할 것이다.

공익 목적이 있으면
명예훼손이 아니다?

||||||||||||||||||||||||||||||||||||||||||

A는 의사 B에게 수술을 받다가 사망한 환자의 아들이다. 장례를 마치고 어느 정도 마음을 추스린 A는 자신의 책임을 회피하는 듯한 B의 태도와 행태를 보고 가만히 있을 수만은 없겠다고 생각했다. 이에 A는 병원과 의사의 이름을 직접적으로 거론하며 잘못된 의료 행태를 지적하는 글과 수술 경과 모습이 촬영된 사진을 첨부한 전단지를 병원을 출입하는 불특정 다수에게 배포했다. 그러자 병원 측도 가만히 있지 않았다. 명예훼손으로 A를 고소하기에 이르렀다. A의 행동은 정말 명예훼손에 해당하는 걸까?

공공의 이익을 위해서라면
||||||||||||||||||||||||||||||||||||||||||||||

A가 뿌린 전단지 내용은 의사 B의 사회적 위상을 깎아내릴 만한 구체적인 사실을 담고 있었다. 게다가 불특정 다수에게 배포되었기에 공연성이 인정되어 의사 B의 명예를 훼손한 행위인 것은 맞다. 그런데 형법 제310조(위법성 조각)는 "사실적시 명예훼손의 행위'가 진실한 사실로서 오로지 공공의 이익에 관한 때에는 처벌하지 아니한다"라고 규정하고 있다. 곧 A가 공공의 이익을 위해 진실을 이야기했다면 B를 비방할 목적으로 허위사실을 유포한 게 아니므로 형법 제310조가 적용되는 것이다.

형법 제310조에서 말하는 "진실한 사실"은 어떤 행위의 중요한 부분이 객관적 사실과 합치된다는 의미이고, 세부적인 부분에서 약간 차이가 있거나 표현이 다소 과장되었더라도 진실한 사실로 본다. 또 "오로지 공공의 이익에 관한 때"란 적시된 사실이 객관적으로 공공의 이익에 관한 것이라면 그 안에 부수적으로 다른 사익적 목적이나 동기가 내포되어 있더라도 무방하다는 이야기다. 앞 사례에서 A는 결국 명예훼손죄로 처벌받지 않았는데, A가 밝힌 내용 가운데 중요한 부분이 객관적 사실과 합치하고, 주요 동기나 목적이 공공의 이익을 위해 사실을 적시한 것으로 재판부가 판단했기 때문이다.[60]

공익 목적의 허위사실도 명예훼손일까?

||||||||||||||||||||||||||||||||||||||||||||||||||||||||||

갑은 한 유튜브 방송에서 공익 목적으로 "방송인 을과 병이 섹스 스캔들의 주인공이다. 을과 병은 2017년경 주차장에서 만남을 가졌으며, 불륜관계를 은폐하기 위해 정을 부정하게 취업시켰다"라고 폭탄 발언을 했다. 이때 갑의 발언은 명예훼손에 해당할까?

이 발언은 사실이 아니었다. 갑은 해당 방송을 위해 여러 기사를 검토했고, 검토한 기사에 비춰 이 사건이 진실이라고 믿었기 때문에 자신의 발언이 허위라는 인식이 없었다고 주장할 수 있다. 그런데 사실의 출처나 인지 경위, 갑의 사회적 지위 및 공표 경위, 그로 말미암아 예상되는 파급효과 등을 고려했을 때 갑은 해당 발언이 허위라는 것을 미필적으로나마 알았을 가능성이 있다. 여기서 미필적 고의란 결과가 불확실한 경우에도 그 가능성을 인식하거나 용인하는 것을 말한다.

또 갑은 공적 인물의 도덕성 검증이라는 공공의 이익을 위해 영상을 만든 것이므로 비방 목적이 없었다고 주장할 수 있다. 그러나 갑은 영상에서 피해자들을 조롱하거나 모욕하는 표현을 반복해서 사용했고, 구독자 수를 늘리기 위해 불륜을 암시하는 뉘앙스를 담는 방식으로 영상을 제작했다. 곧 공공의 이익을 위해서가 아니라 오로지 비방의 목적이 있었다고 볼 수 있는

한 사람에게만 허위사실을 말해도

명예훼손죄로 처벌받는다면

너무 무서울 것 같다.

하지만 예외는 있다.

것이다. 이는 정보통신망을 통한 명예훼손이나 허위사실적시 명예훼손에 해당한다.[61] 결과적으로 이 사안에서 갑은 정보통신망법(명예훼손) 위반이 인정되어 처벌을 받았다.

한 사람에게만 허위사실을 말해도 명예훼손?

명예훼손죄는 구체적인 사실이나 허위사실을 적시해 특정인의 명예를 훼손했을 때 성립하는 범죄다. 명예훼손죄가 성립하려면 공연성, 특정성, 고의성이 인정되어야 한다. D가 E와 전화를 하면서 F에 대한 허위사실을 말한 경우에는 어떨까? D는 E 한 명에게만 F에 대한 허위사실을 말했으니 공연성이 없다고 봐야 하지 않을까?

그런데 여기서 공연성이란 불특정 또는 다수의 사람이 인식할 수 있는 상태를 말한다. 곧 한 사람에게만 허위사실을 말했다 하더라도 그 사람으로부터 불특정 또는 다수에게 그 이야기가 전파될 가능성이 있다면 공연성 요건이 충족된다.[62] 이를 '전파 가능성'이라고 말한다. 이에 따르면, D는 명예훼손죄로 처벌받을 수 있다.

그런데 한 사람에게만 허위사실을 말해도 명예훼손죄로 처벌받는다면 너무 무서울 것 같다. 당연히 예외는 있다. 피해자의 친족이나 친밀한 관계에 있는 사람일 때는 전파 가능성이 사실상 없다고 봐서 공연성이 인정되지 않는다. 만약 이 사례에서 E와 F가 가족이나 연인 관계였다면 명예훼손죄로 처벌받지 않을 것이다.

사람 얼굴에 개 얼굴을 합성하면
모욕죄일까?

‖‖‖‖‖‖‖‖‖‖‖‖‖‖‖‖‖‖‖‖‖‖‖‖‖‖‖‖‖‖‖‖‖‖‖

A는 자신이 운영하는 인터넷방송에서 B에 대한 이야기를 하면서 예시로 든 B의 얼굴에 개 얼굴을 합성해 내보냈다. 이를 본 B는 A가 자신을 모욕했다며 분개했다. 하지만 A는 단순히 B의 얼굴을 가릴 목적으로 특별한 의도 없이 개의 얼굴을 사용했을 뿐이라고 반박했다. 결국 이 논란은 법정 싸움까지 이어졌는데, 법원은 누구의 손을 들어줬을까?

모욕죄의 성립 요건은 무엇일까?
‖‖‖‖‖‖‖‖‖‖‖‖‖‖‖‖‖‖‖‖‖‖‖‖‖‖‖‖‖‖‖‖‖‖‖

형법 제311조는 모욕죄를 다루고 있는데 "공연히 사람을 모욕한 자는 1년 이하의 징역이나 금고 또는 200만 원 이하의 벌금에 처한다"라고 나와 있다. 모욕죄가 성립하려면 공연성, 특정성, 모욕성이 인정되어야 한다. 곧 모욕죄는 많은 사람에게 전파될 가능성이 있고, 피해자가 누구인지 명확히 알 수 있어야 하며, 사람의 사회적 평가를 떨어뜨릴 만한 추상적 판단이나 경멸적 감정이 표현되었을 때 성립하는 것이다. 모욕의 수단과 방법에는 제한이 없으므로 언어적 수단이 아닌 비언어적·시각적 수단으로 표현하더라도 모욕죄가 성립할 수 있다.

이 사례에서 A가 B를 개라고 칭하거나 B의 사회적 평가를 떨어뜨릴 만한 경멸적 감정을 표현한 것이 아니라, A의 말대로 B의 얼굴을 가리는 용도로 개 얼굴을 사용하면서 B에 대한 부정적 감정을 다소 해학적으로 표현한 것이라면 어떨까? 그렇다면 단순히 사람 얼굴에 개 얼굴을 덮은 것에 불과하므로 모욕이라고 단정할 수 없을 것이다.[63]

그런데 B를 모욕하는 표현이나 효과음, 자막을 추가로 사용했다면 모욕죄가 성립할 것이다. 다시 말해 단순히 사람 얼굴에 개 얼굴을 합성했다는 이유만으로는 항상 모욕죄가 성립하는 것이 아니라는 말이다. 그 외 다른 요인과 함께 고려했을 때 상대의 사회적 평가를 떨어뜨릴 만한 경멸적 감정을 담고 있는 것으로 판단되어야 모욕죄가 성립하는 것이다.

보통 모욕죄는 댓글이나 채팅방에서 문제가 되는 경우가

모욕의 수단과 방법에는 제한이 없다.

비언어적·시각적 수단으로도

모욕죄가 성립할 수 있다.

많다. 이를테면 D가 E의 영상에 "E는 그냥 관종, 구독구걸종자일 뿐 그 이상도 이하도 아니다!"라는 댓글을 달았다고 치자. 이때 D에게 모욕죄가 성립할까?

이 사안에서는 공연성(댓글)과 특정성(E)이 인정된다. 그렇다면 위 표현이 E의 사회적 평가를 저하시킬 만한 것인지 판단해봐야 한다. E는 유명 유튜버로 대중의 관심과 구독에 신경 쓸 수밖에 없다. 따라서 '관종'(관심종자)이라는 표현은 사회적 평가를 저하시킬 만한 것으로는 보이지 않는다. 그런데 "구독구걸종자일 뿐 그 이상도 이하도 아니다"라는 표현은 E의 행위를 거지가 돈을 구걸하는 것에 빗대 오직 대중에게 구독만을 구걸하는 사람으로 표현한 것이므로, E에 대한 사회적 평가를 저하시킬 만한 경멸적 감정이 드러나 있다. 이는 모욕에 해당한다.[64]

그렇다면 누군가에게 욕설을 하면 무조건 모욕죄가 인정될까? 모욕죄가 성립하기 위한 요건인 공연성과 특정성이 인정된다는 전제 아래에서 누군가에게 욕을 내뱉었다고 해서 항상 모욕죄가 성립하는 것은 아니다. 어떤 표현이 상대의 인격적 가치에 대한 사회적 평가를 저하시킬 만한 것이 아니라면 설령 그 표현이 다소 무례하다 해도 모욕죄에 해당한다고 볼 수 없다. 욕설이 다소 무례한 정도인지, 아니면 모욕성이 인정되는 정도인지는 해당 발언을 하게 된 경위, 발언의 의미와 전체 맥락, 발언한 장소와 발언 직후의 정황 등을 고려해 판단해야 한다.

모욕죄 피해자는 언제나 가해자를 고소할 수 있을까?

||||||||||||||||||||||||||||||||||||||||||||||||||||||||||||||||||||||||||||||

갑은 2024년 5월 1일 을을 모욕했다. 그런데 을은 6개월을 훌쩍 넘긴 2024년 12월 25일이 되어서야 갑을 모욕죄로 고소했다. 이때 갑은 모욕죄로 처벌받을까?

모욕죄는 친고죄에 해당한다. 친고죄란 피해자의 고소가 없으면 처벌할 수 없는 범죄다. 곧 갑을 처벌하려면 피해자인 을의 고소가 있어야 한다. 이 사안에서 모욕죄 피해자인 을의 고소가 있기는 하다. 다만, 을이 범인을 알게 된 날인 2024년 5월 1일로부터 6개월 이상 지난 시점에 고소했다는 점이 문제다. 형사소송법 제230조는 친고죄에 대해 범인을 알게 된 날로부터 6개월이 경과하면 고소하지 못한다고 규정하고 있다. 안타깝지만 이 사안에서 을은 갑이 해당 표현을 한 것을 안 날로부터 6개월이 지난 뒤 고소했기 때문에 갑은 처벌받지 않는다.

그럼, 6개월이 지나기 전에 을이 고소했다면 갑은 확실히 처벌받는 걸까? 그렇지도 않다. 앞에서 모욕죄는 친고죄라고 말했다. 친고죄는 1심 판결 선고 전까지 고소인이 고소를 취소할 수 있다. 따라서 을이 갑과 형사합의를 하고 1심 판결 전에 고소를 취하한다면 갑은 처벌받지 않는다.

유튜브 영상에 내 얼굴이 나왔다면
초상권 침해를 주장할 수 있을까?

||||||||||||||||||||||||||||||||||||||||||||

A는 B가 운영하는 미용실에서 머리를 했다. 머리를 하는 과정에서 B는 새로 세팅한 머리를 사진과 영상으로 남겨도 되는지 A에게 물었고, A는 별것 아니겠거니 싶어 흔쾌히 동의했다. 그런데 B는 네이버 블로그와 티비, 포스트, 인스타그램, 유튜브에 A의 얼굴이 그대로 노출된 영상과 사진을 올려 자신의 미용실을 홍보하는 데 사용했다. 이를 본 A는 허락 없이 자신의 얼굴을 노출했다면서 초상권 침해로 B에게 소송을 걸겠다고 연락해왔다. 어디에서 문제가 시작된 걸까?

초상권 침해를 판단하는 기준은?

"내 얼굴 함부로 촬영하지 마세요! 초상권 침해거든요!"

누군가 내 모습을 동의 없이 촬영하려 할 때 우리는 '초상권 침해'라는 말을 하곤 한다. '초상권'은 초상에 관한 권리를 말한다. 국어사전에 정의된 초상이란 "사진, 그림 따위에 나타낸 사람의 얼굴이나 모습"이다. 그렇다면 법적 권리로서 초상권은 어떻게 정의되고 있을까?

사람은 누구나 자기 얼굴이나 사회 통념상 자신임을 알아볼 수 있는 신체 특징이 함부로 촬영되거나, 묘사되거나, 공표되거나, 영리 목적으로 이용당하지 않을 권리를 갖는다. 이 초상권은 헌법 제10조 제1문에 따라 보장되는 권리다. 보통 초상권이 침해되었는지 여부를 판단할 때 세 가지 단계를 거친다. 첫째, 피해자의 얼굴이나 신체 등 피해자임을 식별할 수 있는 모습이 영상이나 사진에 등장했는지, 둘째, 피해자가 자신의 얼굴 또는 신체가 촬영되는 것에 동의했는지, 셋째, 피해자의 동의를 받고 해당 영상이나 사진을 누구나 볼 수 있는 형태로 게시하거나 배포했는지 여부다.

앞에서 언급한 사례에서 B는 A에게 위자료를 지급해야 한다는 판결을 받았다. 미용사의 행위가 손님의 초상권을 침해했다고 본 것이다. 그렇다면 재판부는 어떤 부분에서 초상권을 침해했다고 판단한 걸까?

미용사 B는 A에게 새로 손 본 머리가 예쁘게 잘 나왔다면서 사진과 영상을 촬영해도 되겠느냐고 물었고 A는 동의했다. 이에 B는 자신이 촬영한 사진과 영상을 미용실 홍보를 위해 이곳저곳에 올렸다. 이 상황을 놓고 초상권 침해를 판단하는 세 가지 관문을 지나보자.

첫째, 피해자 A의 얼굴이나 신체 등 A임을 식별할 수 있는 모습이 영상이나 사진에 등장했는지 살펴보자. B가 게시한 사진과 영상에는 A의 모습이 담겨 있었다. 법원이 초상권을 침해했다고 판단한 것으로 미뤄볼 때 사진과 영상에 A의 얼굴이 드러나 있었을 것이다. 둘째, 촬영에 A가 동의했는지 여부다. A가 촬영해도 좋다고 동의했다는 점이 확인되었다. 셋째, A의 동의를 받고 B가 해당 영상이나 사진을 누구나 볼 수 있는 형태로 게시하거나 배포했는지 여부다. 아마도 B는 동의 없이 게시했을 것이다. 그런데 이 부분에서 "B가 촬영을 요청했고 A가 허락했다면 광고 목적으로 자료를 올리는 데에도 동의했다고 봐야 하지 않나요?"라고 질문하는 사람이 있을 것이다.

그러나 법적 관점에서 보면 촬영에 동의한 것이 게시나 배포까지 동의한 것이라고 말하기는 어렵다. 실제로 재판부는 A가 촬영에 응했다 하더라도 게시물로 올리는 것까지 동의했다고 보기는 어렵다고 봤다. 초상권 침해인지를 판단하는 단계에

사람은 누구나 자기 얼굴이나
사회 통념상 누구나 알아볼 수 있는
신체 특징이 함부로 촬영되거나,
묘사되거나, 공표되지 않을,
영리 목적으로 이용당하지 않을
권리를 갖는다.

서는 촬영에 동의했는지, 게시나 배포에 동의했는지 여부를 별도로 보고 있기 때문에 단순히 촬영에 동의했다고 해서 게시나 배포까지 동의한 것이라고 추단하는 것은 무리가 있다.

유튜버가 초상권과 관련해 주의해야 할 점

그렇다면 유튜브 크리에이터 입장에서 초상권을 침해하지 않으려면 어떤 부분을 주의해야 할까. 제일 좋은 방법은 영상에 등장하는 타인의 얼굴을 모자이크 같은 방법으로 가리는 것이다. 초상권 침해는 특정인임을 식별할 수 있는지 여부를 제일 먼저 판단하기 때문에 누구인지 알아볼 수 없도록 처리한 뒤 영상을 올린다면 초상권 침해 위험이 사라진다. 만약 얼굴이 꼭 나와야 하는 영상이라면 출연자에게 촬영, 게시, 배포에 대한 동의를 미리 받아두는 것이 좋다. 단순히 촬영에 대한 동의만 받아서는 앞 사례와 같은 일이 발생할 수 있다는 점을 명심하길 바란다.

그렇다면 동의받지 못한 타인의 얼굴이 나오면 모두 초상권 침해에 해당하는 걸까? 일반적으로는 그렇지만 예외가 있다. 대표적인 예외 사안은 언론보도나 공익적 목적일 때다. 법원은 초상권 침해 우려가 있을지라도 그것이 공공의 이해와 관련해 많은 사람의 정당한 관심의 대상이 되는 사항이고, 공개가 공공의 이익을 위한 것이며, 표현 내용이나 방법이 부당한 것이 아니라면 초상권 침해에 해당하지 않는다고 판단한다. 더 나아가 개인이 공공장소에서 공적 논의에 나서는 행동은 본질적으로 초상이 촬영되고 공표되는 것에 동의한 것으로 본다고 여겨 초상권 침해를 부정하기도 한다. 대표 사례로 집회나 시위 현장을 촬영해 올리는 경우다. 유튜버가 집회나 시위 현장에 나가 그 모습을 촬영해 올리는 과정에서 참석자들의 얼굴이 그대로 노출시켰다 하더라도 이는 초상권 침해가 아니다.

대개 1인 유튜버는 자기 모습만 영상에 담는 경우가 대부분이어서 초상권이 문제 되는 경우는 그리 많지 않다. 다만 합동방송을 진행하는 경우라면 앞서 언급했듯 출연자에게 촬영과 게시 동의를 받는 것이 매우 중요하다. 열심히 촬영한 영상을 초상권 침해 문제로 올릴 수 없다면 무척 안타까울 것이다. 노력이 헛되지 않도록 초상권 문제에 좀더 관심을 기울여야 할 것이다.

유튜브나 인스타그램으로
협박을 받는다면?

|||||||||||||||||||||||||||||||||||||||||||||

A군은 인스타그램을 통해 유튜버 B양을 알게 된 뒤 서로 연락을 주고받다가 호감을 갖게 되었다. 그리고 이후 만나게 되면서 두 번가량 성관계를 가졌다. 그런 데 그 관계는 오래가지 않았다. B양은 A군과 교제할 생각도, 더 만날 생각도 없었다. 이에 화가 난 A군은 B 양에게 계속 연락했지만 그마저 B양이 차단해버렸다. 그러자 A군은 B양이 운영하는 유튜브 채널에 들어가 "슬 유포해볼까"라는 댓글을 남겼다. 이런 일이 발생 할 경우 B양은 어떻게 대처하는 게 좋을까?

증거 수집은 합법적으로 치밀하게!

누군가로부터 협박을 받거나 범죄에 노출되었을 때는 증거를 수집해두는 게 무척 중요하다. 제대로 된 증거 없이 섣불리 형사고소를 하게 되면 상대에게 무혐의(증거불충분) 결정이 내려질 가능성이 있고, 오히려 무고죄로 역고소나 민사소송을 당할 수도 있다. 이 사안에서 유튜버 B양이 A군을 고소했는데 만약 무혐의 처분이 내려진다면 A군은 "당연히 이런 결과가 나올 줄 알았다. 내 말이 신빙성이 있다"라는 식의 댓글을 또다시 올릴 가능성이 충분하다. 곧 형사사건에서는 증거 수집이 무엇보다 중요한 것이다. 물론 상대가 급작스럽게 위해를 가할 염려가 있다면 경찰에 먼저 신고하고 신변보호를 요청해야 한다.

보통 카카오톡 같은 문자메시지 내역, 상대와의 통화나 대화 녹음 내역, 계좌이체 내역, CCTV, 블랙박스, 유튜브 영상 또는 댓글 캡처, 사실을 확인해줄 사람이 있을 경우 사실확인서, 증인 확보 같은 것이 증거로 활용될 수 있다. 통신비밀보호법은 타인 간의 통화나 대화를 녹음하는 행위를 금지한다. 설령 녹음했다 하더라도 이를 증거로 사용할 수 없다. 그런데 자신이 대화 당사자인 경우에는 괜찮다. 다만 상대의 동의 없는 비밀 녹음의 경우 녹음파일이 복사본일 때는 원본이 그대로 복사된 것이어야 한다. 또 공판기일에서 원진술자의 진술에 따라 자신이

말한 대로 녹음된 것이라면 증거능력을 인정받을 수 있다.[65]

　CCTV는 보관 기간이 짧고, 개인정보를 보호한다는 이유로 확보하는 게 어려울 수 있다. 그런데 CCTV가 가장 중요한 증거일 수 있을 때는 관할 지방법원에 증거보전신청을 하면 된다. 왜 증거보전신청을 하는지, 어떤 사실을 입증하고자 하는지, 해당 증거물은 어떤 것인지를 구체적으로 기재해 해당 증거가 위치한 관할 지방법원에 제출해야 한다.

　앞 사안에서 B양은 A군이 처음 보낸 인스타그램 DM이나 카카오톡 메시지, 통화 내역, 댓글 캡처본을 증거자료로 첨부해 고소장을 경찰에 제출하면, A군은 협박죄로 처벌받을 가능성이 높다.[66] 형사고소를 하면 고소인(피해자)이 먼저 경찰 조사를 받은 뒤 피고소인(가해자)이 받는데, 이 과정에서 가해자의 혐의가 인정되면 형사처벌로 이어지는 것이다. 양측 주장이 다르다면 대질조사나 거짓말탐지기 조사가 이뤄질 수도 있다. 그 밖에도 B양은 A군이 형사처벌을 받은 뒤 A군으로 인해 고통받은 정신적 손해에 대해 민사소송을 진행할 수도 있다.

만약 B양이 공포심을 느끼지 않았다면?

　협박죄는 상대가 현실적으로 공포심을 느꼈는지 여부와 관계없이 일반적으로 사람에게 공포심을 일으키기 충분한 정도의

누군가로부터 협박을 받거나

범죄에 노출되었을 때는

증거를 수집해두는 게 무척 중요하다.

증거 없이 섣불리 형사고소를 하면

역고소나 민사소송을 당할 수도 있다.

해악을 고지한 경우에도 성립한다. B양이 자기 몰래 촬영한 영상이 존재하지 않는다고 확신해 댓글에 공포심을 느끼지 않더라도 다른 일반인이 이를 보고 성관계 영상이 실제로 존재하고, 이것이 구독자 다수에게 유포될지도 모른다는 공포심을 느낀다면 A군의 협박죄가 성립할 수 있는 것이다.

A군이 전화를 받지 않는다는 이유로 B양의 휴대전화 음성사서함과 유튜브 채널 게시판에 "왜 전화 안 받아? 뭐 하자는 거야. 빨리 연락하지 않으면 그냥 안 넘어가. 각오해"라는 내용을 남겼다면 어떨까? 협박죄에서 '협박'은 일반적으로 사람이 공포심을 느끼기에 충분한 것이어야 한다. A군이 B양에게 한 행동은 단순한 감정적 욕설이나 일시적 분노를 표한 것을 넘어 공포심을 일으킬 정도의 해악에 해당하므로 A군에게 협박죄가 성립한다고 봐야 할 것이다.[67] A군은 3년 이하의 징역 또는 500만 원 이하의 벌금, 구류 또는 과료의 처벌을 받을 수 있다.[68]

다시 말하지만 유튜브나 인스타그램 등 SNS로 협박을 받는다면 그 증거를 모아놓고, 혹 협박 정도가 너무 심하면 급히 경찰이나 지인에게 이 상황을 알려야 한다. 그런데 증거가 하나도 없다면? 차후 고소를 염두에 두고 통화를 하거나 메시지를 보내면서 그 내역을 수집하는 것이 좋다. 증인 확보가 가능하다면 증인의 사실확인서 내지 참고인 조사 등 수사 과정에서 도움을 받는 것도 확실한 방법이다.

다만, 형사고소는 최후 수단이니 그 전에 단호하고 명확하게 거절 의사를 전달해 상황이 악화되지 않도록 하는 것이 제일 현명한 처사다. 변호인의 조력을 받아 내용증명을 보내는 것도 좋은 방법이다. 통상 가해자는 피해자가 아무런 대응을 하지 못할 것이라고 생각한다. 따라서 적극적으로 대응한다면 협박을 멈추기도 한다. 공인의 약점을 악용해 상대를 협박하고 금품을 갈취하는 행태는 조속히 없어져야 마땅하다.

BJ 후원금 1억 3000만 원!
그게 전세보증금이라고?

IIIIIIIIIIIIIIIIIIIIIIIIIIIIIIIIIIIIIIII

이제 열한 살이 된 초등학생 A는 엄마의 휴대전화를 이용해 특정 플랫폼에 가입했고, 별다른 제약 없이 여러 인터넷 라이브 방송을 시청했다. 여기서 끝났다면 다행이었겠지만 A는 다수의 BJ에게 후원금을 보내기까지 했다. 그런데 그 금액이 자그마치 1억 3000만 원이었다. 이 돈은 A의 가족이 이사를 가기 위해 모아둔 전세보증금이었다. 결과적으로 방통위의 도움으로 전액 환불받을 수 있었지만, 귀를 의심할 만한 뉴스였다. 그런데 A의 부모는 어떤 근거로 BJ들에게 후원한 거액을 환불받을 수 있었을까?

잊을 만하면 들려오는 미성년자의 법률행위
||||||||||||||||||||||||||||||||||||||||||||||||||||||||||||||||||||||||||

앞 사례와 비슷한 뉴스를 우리는 심심찮게 접하곤 한다. 비단 아이만이 아니라 성인도 거액을 BJ에게 후원했다가 법정 싸움을 이어가는 사례가 많다. 그런데 A의 부모는 이렇게 후원금을 돌려받은 걸까? 해당 플랫폼에서 구매한 후원 아이템을 환불받는 방법과 BJ에게 직접 환불받는 방법 두 가지로 나눠 생각해보자.

민법 제5조에는 법정대리인인 부모의 동의를 얻지 못한 미성년자의 법률행위는 부모가 취소할 수 있다고 나와 있다. 그렇다면 A의 행위는 여기에 해당하는 법률행위일까? 미성년자가 해당 플랫폼의 유료 후원 아이템을 구매한 것은 일종의 '매매계약'으로 볼 수 있고, BJ에게 후원한 것은 '증여계약'이거나 방송사업자가 수수료를 제하고 BJ에게 지급하기 때문에 '3자 간의 무명계약(비전형계약)'에 해당한다.

곧 이 사건은 원칙적으로 미성년자의 법률행위(매매, 증여 등)와 관련한 문제다. 따라서 부모의 동의가 없었다면 부모는 해당 법률행위를 취소할 수 있다. 당연히 플랫폼이나 BJ는 후원금을 환불해주어야 마땅하다. 또 유료 후원 아이템(별풍선 등)을 구매하는 것은 전자상거래법(제17조 청약 철회 등) 적용을 받기에 아이템을 충전한 때로부터 7일 이내에는 단순 변심으로도 구매를 철회할 수 있다. 다만, 별풍선을 후원하는 등 이미 사용한 경우에는 구매를 철회할 수 없다.

그런데 보통 미성년자 측에서 환불을 요구하면 해당 플랫폼이나 BJ는 환불 책임이 없다고 대응하는 경우가 대부분이다. 왜 그럴까? 미성년자가 속임수로 성인인 척 행세하거나 부모의 동의를 받은 것으로 상대를 믿게 한 경우에는 그 행위를 취소할 수 없다는 법조항, 곧 민법 제17조(제한능력자의 속임수)를 근거로 제시하는 것이다. 다시 말해 미성년자가 부모 명의의 휴대전화나 신용카드로 유료 후원 아이템을 구입함으로써 결제 당사자가 미성년자라는 걸 알 수 없도록 만들었거나 부모의 동의를 받은 것처럼 행동해 아이템을 구매했다면 환불이 어려울 수도 있다는 말이다.

다만 대법원은 "미성년자의 속임수에 대해 단순히 자기가 성인이라고 칭한 것만으로는 속임수를 썼다고 말할 수 없고, 신분증을 위조하거나 도용하는 것과 같이 적극적으로 속인 경우에만 속임수에 해당한다"고 판단하고 있다.[69] 또 거래 상대에게는 억울할 수 있겠지만 미성년자가 적극적으로 속임수를 썼다는 점을 상대(플랫폼, BJ)가 입증해야 한다고 엄격하게 해석하고 있다. 미성년자를 보호하는 판례의 취지상 단순히 미성년자가 부모의 동의를 받았는지 여부를 묻는 칸에 체크한 것을 가지고 적극적으로 속임수를 썼다고 보지 않는 것이다. 하지만 부모

신분증을 도용하거나 부모의 신용카드가 등록된 휴대전화로 결제하는 경우에는 취소가 어려울 수 있다. 비대면 거래에서 상대(플랫폼, BJ)는 거래 당사자가 미성년자인지 확인할 방법이 전혀 없기 때문이다. 이런 점을 알기에 상대(플랫폼, BJ)가 환불을 거부하는 것이다.

미성년자의 법률행위에 대해서는 미성년자 본인의 자각만이 아니라 부모의 교육이 반드시 필요하다. 또 미성년자와 계약을 체결하는 입장에서는 거래 상대가 미성년자인지 여부를 꼼꼼히 확인해야 한다. 미성년자 보호와 플랫폼 측의 입장을 모두 고려할 수 있도록 제도가 개선되어야 할 필요도 있다.

후원은 항상 신중하게!
||||||||||||||||||||||||||||||||||||||||||||||||||

한편, 미성년자가 아닌 성인이 유료 후원 아이템을 구매해 BJ에게 후원한 경우에는 반환이 어려울까? 한 19금 성인방송 플랫폼은 뽑기에서 1등 두 장이 나오면 여성 BJ와 '식데(식사데이트)'와 '술데(술데이트)'를 할 수 있는 이벤트를 진행했다. 이에 시청자 A는 거액을 결제(후원)해 뽑기에 참여했지만 1등이 한 장만 나왔다. 채팅창에서 바람잡이들이 계속 뽑기를 유도해 더 많은 결제를 해봤지만 마지막까지 1등은 나오지 않았다. 이에 화가 난 A는 BJ를 사기죄로 형사고소했다. 이때 과연 후원금을

미성년자의 법률행위에 대해서는
미성년자 본인의 자각만이 아니라
부모의 교육이 반드시 필요하다.

돌려받을 수 있을까?

이 사건에서 BJ가 처음부터 식데나 술데를 이행할 의사 없이 후원금만 받으려고 뽑기 이벤트를 진행했다면 사기죄가 성립한다. 보통 시청자의 고소가 접수되면 수사기관에서 사기 혐의를 입증하는데, 현실적으로 고소인(후원자)이 수사의 단서, 곧 사기의 구체적 증거를 수집해 제출해야 BJ의 사기 혐의가 인정될 수 있다. 그런데 BJ가 "1등 두 장이 나왔다면 실제로 이벤트를 이행했을 것"이라고 진술할 것이 뻔하기에 이 사안에서 BJ에게 사기의 고의가 있었는지 여부를 증명하기란 쉽지 않다. 사기죄의 성립 가능성이 낮다는 이야기다.

다만, 뽑기 판을 압수해 조사했는데 실제로 1등이 두 장이 아니고 한 장뿐이었다면 BJ가 이벤트를 이행할 의사가 없었다고 볼 수 있으므로 사기의 고의가 입증될 것이다. 또 1인 방송은 BJ 혼자 모든 것을 진행하는데, 만약 매니저가 있었다면 매니저를 참고인으로 불러 바람잡이 역할을 했는지, BJ가 약속을 이행할 의사가 있었는지, 수익금 배분은 어떻게 하고 있는지를 조사해 두 사람이 공모해 사기를 쳤는지 등을 살펴볼 수도 있다. 만약 BJ의 행위가 사기였다면 민사상 불법행위에 해당하므로 후원금을 반환해야 한다.

그런데 대개는 현실적으로 BJ에게 사기 고의가 있었다는 점을 입증하기가 쉽지 않다는 점을 명심하길 바란다. 그러니 인터넷방송에서 누군가에게 후원할 때는 신중하게 결정하길 바란다. BJ들 역시 투명하고 건전한 방법으로 후원을 받아야 할 것이다.

우리에게도
잊힐 권리가 필요하다
||||||||||||||||||||||||||||||||||||||||||

A는 며칠 전 친구가 보낸 메시지를 보고 밤마다 이불 킥을 하고 있다. 메시지에는 인터넷 링크가 있었는데, 그 링크를 따라가 보니 중학생 때 올린 유튜브 영상이 나왔다. 사춘기 청소년의 허세와 어색함이 고스란히 드러난 그 영상을 보고 있자니 손발이 다 오그라드는 느낌이었다. 언제 찍어 올렸는지 기억도 나지 않지만 어쨌든 본인이 맞았다. 지금이라도 영상을 삭제하고 싶었지만 영상을 올린 계정에서 이미 탈퇴한 상태라 로그인을 하는 게 불가능했다. 영상을 삭제할 방법이 아예 없는 걸까?

기억될 권리와 잊힐 권리

영화 〈코코〉는 멕시코를 배경으로 한 영화인데, 멕시코 고유 명절인 '망자의 날' 무렵에 열두 살 소년 미겔이 '죽은 자들의 세상'에 들어가면서 겪는 이야기를 다루고 있다. 〈코코〉를 대표하는 OST가 〈Remember me〉(나를 기억해줘요)인 것에서 알수 있듯, 이 영화는 기억을 주요 소재로 활용하고 있다. 죽은 사람은 '죽은 자들의 세상'에서 지낼 수 있는데, 이승에서 자신을 기억하는 사람이 한 명도 남지 않으면 완전히 소멸해버린다.

영화 이야기이기는 하지만 인간에게 기억이 얼마나 중요한지는 새삼 강조할 필요도 없다. 하지만 기억이 반드시 좋은 것만은 아니다. 좋은 추억도 있지만 흑역사나 다시 떠올리고 싶지 않은 과거도 있기 마련이기 때문이다.

인터넷을 필두로 한 온라인 기술의 발달로 무언가를 기록하는 건 매우 쉬운 일이 되었다. 인터넷에 올라온 기사나 방송은 시간이 상당히 지나도 쉽게 찾아볼 수 있고 언제든 소환된다. 무언가를 알고 싶은 건 인간의 자연스러운 욕망이지만 한편으로는 타인의 기억 속에서 완전히 사라지고 싶은 욕망도 존재한다. 그래서 요즘에는 '잊힐 권리The Right to be Forgotten and to Erasure'에 대한 논의가 많아지고 있다. '잊힐 권리'는 비교적 새롭게 등장한 개념이라 사람마다 다양하게 정의를 내리는데, 일반적인 정의는 '정보 주체 자신과 관련된 정보의 삭제나 접근 배제를 요구할 수 있는 권리'다. 쉽게 말해, 나와 관련된 글이나 영상을 지워달라고 요구할 수 있는 권리인 것이다.

자기가 올린 글이나 영상은 쉽게 지울 수 있는 게 일반적이다. 하지만 시간이 많이 지나면 이야기가 달라진다. 게시물을 올린 계정에서 탈퇴했거나 계정 아이디나 비밀번호가 생각나지 않아 게시물을 지우기 어려운 일도 있기 때문이다. 또 서비스 정책 때문에 삭제가 안 되기도 하는데 "게시물에 댓글이 달리면 게시물을 삭제하지 않는다"와 같은 정책이 대표 사례다.

지우개 서비스란?
||||||||||||||||||||||||||||||

흑역사를 지우고 싶은 사람들은 개인정보보호위원회가 운영하는 '지우개 서비스'를 활용해보길 바란다. 지우개는 '지켜야 할 우리들의 개인정보'의 줄임말인데, 과거 게시물을 지우개로 지울 수 있다는 의미도 내포하고 있다. 지우개 서비스는 개인정보를 포함한 게시물을 삭제하거나 검색되지 않도록 해주는 게 핵심 기능이다. 개인정보를 포함한 게시물이라는 건 이름, 생년월일, 전화번호, 주소, 사진 등 특정한 개인을 알아볼 수 있는 정보를 포함하고 있는 게시물을 말한다. 과거에 올린 게시글, 영상 중에서 누가 올렸는지 알 수 있는 게시물이 그 대상이

무언가를 알고 싶은 건

인간의 자연스러운 욕망이지만,

한편으로는 타인의 기억 속에서 완전히

사라지고 싶은 욕망도 존재한다.

다. 예를 들어, 얼굴이 나오는 영상은 개인정보를 포함한 게시물로 볼 수 있다.

모든 사람이 지우개 서비스를 이용할 수 있으면 좋겠지만 아쉽게도 연령 제한이 존재한다. 만 30세 이하만 지우개 서비스를 신청할 수 있다. 처음에는 나이 상한을 '청소년기본법'상 청소년의 연령 상한인 24세 이하로 정했지만, 서비스 반응이 좋자 30세로 올렸다. 유의할 점은 만 30세 이하면 누구나 지우개 서비스를 신청할 수 있지만, 그 대상은 만 19세 미만일 때 작성한 게시물로 한정된다는 사실이다. 곧 25세인 사람이 중학생(만 15세) 때 올린 영상을 지워달라고 신청할 수는 있지만, 대학생(만 21세) 때 쓴 글을 삭제해달라고 요청할 수는 없다는 말이다.

개인정보보호위원회의 2024년 1월 자료에 따르면, 지우개 서비스를 가장 많이 신청한 연령은 15세, 14세, 16세 순으로 나타났다. 연령대별로 살펴보면 16~18세(고등학생)가 전체의 34.8%를 차지했고, 15세 이하(중학생 등)는 34.3%, 19~24세(성인)는 30.9%로 나타났다. 주로 감수성이 풍부한 사춘기 중·고등학생이 지우개 서비스를 많이 이용하고 있는 것이다. 사이트별로 보면 유튜브와 틱톡에 올린 영상 게시물에 대한 삭제 요청이 가장 많았다.

지우개 서비스를 신청할 때는 게시물을 삭제해달라거나 게시물이 검색되지 않도록 해달라고 요청할 수 있다. 물론 삭제와 검색 제한을 동시에 신청하는 것도 가능하다.

또 지우개 서비스는 게시물 삭제만이 아니라 상담 서비스도 제공한다. 내가 작성한 게시물은 아니지만 다른 사람이 작성한 게시물에 내 개인정보가 포함되어 있어 사생활 침해 또는 명예훼손이 우려되거나 불법 촬영물이 올라와 있는 경우에는 어떻게 조치하면 좋을지 상담을 받을 수 있다.

지우개 서비스의 진행 절차
||||||||||||||||||||||||||||||||||||||||||||||||||

지우개 서비스는 4단계(신청, 신청 내용 확인, 처리 요청, 결과 통보)로 진행된다. 지우개 서비스를 신청하면 서비스 담당자가 신청 내용을 확인한 뒤 해당 게시물의 게시판 관리자에게 삭제 또는 검색 제한을 요청한다. 이 과정에서 지우개 서비스 담당자와 게시판 관리자는 서비스를 신청한 사람(신청자)에게 입증 자료를 보완해달라고 요청할 수 있다. 무작정 게시글을 삭제하면 게시자의 권리를 침해할 수도 있기 때문이다. 입증 자료는 신청 게시물이 다른 사람이 작성한 게시물이 아닌 신청자가 직접 작성한 게시물이 맞는지 그리고 신청자의 개인정보가 포함된 게시물이 맞는지 확인할 수 있는 자료를 말한다. 서비스를 신청한다고 해서 모든 게시물이 삭제되는 건 아니다. 다음 사항에 해당할 경우 지워지지 않을 수도 있다.

- 신청자 본인이 직접 해당 게시물을 삭제할 수 있는 경우
- 게시물에 작성자를 알아볼 수 있는 개인정보가 포함되어 있지 않은 경우
- 신청 게시물이 신청자가 작성한 게시물임을 입증하기 어려운 경우
- 만 30세를 초과한 신청자의 신청이거나 지원 대상이 아닌 게시물인 경우
- 신청 게시물이 다른 법률 또는 법령에서 위임한 명령 등에 따라 접근 차단 또는 삭제가 금지되어 보존 의무가 있는 경우(법원의 증거보전 결정에 따라 보존 의무가 있는 경우 등 포함)
- 신청 게시물이 공공의 이익과 관련되어 있다고 판단되는 경우
- 게시판 사업자와 연락이 닿지 않는 등 사업자의 협조를 구하기 어려운 경우

지우개 서비스를 신청할 때 반드시 조심해야 할 사항이 있다. 다른 사람이 작성한 게시물을 본인이 작성한 게시물인 것처럼 거짓으로 신청하면 관련 법률에 따라 민형사상 책임을 질 수 있다는 점이다. 제도를 이용하는 건 좋지만 악용하는 건 늘 조심해야 한다.

1. 대법원 2024다230589 판결

2. 창원지방법원 2020. 7. 16. 선고 2019구합52834 판결

3. 국가공무원법 제64조, 공공기관의 운영에 관한 법률 제37조

4. 대법원 2003. 3. 14. 선고 2002다69631 판결

5. 서울행정법원 2001. 7. 24. 선고 2001구7465 판결

6. 대중문화산업법 제22조

7. 대중문화산업법 제25조

8. 아동복지법 제3조 제7호

9. 저작권법 제10조 제1항

10. 대법원 1992. 12. 24. 선고 92다31309 판결

11. 저작권법 제53조 제3항

12. 대법원 2013. 8. 22. 선고 2011도3599 판결

13. 서울중앙지방법원 2015. 2. 12. 선고 2012가합541175 판결

14. 대법원 2017. 10. 26. 선고 2016도16031 판결

15. 한국저작권위원회,《저작권 상담사례집》, 2022, 93면

16. 서울고등법원 2001. 10. 11. 선고 2000나36738 판결

17. 저작권법 제18조

18. 저작권법 제136조 제1항 제1호

19. 형법 제32조 제1항

20. 대법원 2000. 8. 18. 선고 2000도1914 판결

21. 형법 제32조 제2항

22. 저작권법 제24조

23. 저작권법 제33조

24. 저작권법 제33조의2

25. 대법원 1997. 11. 25. 선고 97도2227 판결

26. 서울고등법원 1996. 7. 12. 선고 95나41279 판결

27. 저작권법 제35조의5

28. 서울서부지방법원 2015. 11. 26. 선고 2015나33407 판결

29. 서울중앙지방법원 2020. 5. 29. 선고 2019노2573 판결

30. 대법원 2017. 11. 9. 선고 2014다49180 판결

31. 대법원 2014. 7. 24. 선고 2013다8984 판결

32. 저작권법 제44조

33. 저작권법 제39조 제2항

34. 저작권법 제9조

35. 수원지방법원 2022. 11. 23. 선고 2022고합615 판결

36. 스토킹처벌법 제18조, 제19조

37. 스토킹처벌법 제2조

38. 대법원 2023. 9. 27. 선고 2023도6411

39. 대법원 2023. 8. 31. 선고 2023도7287 판결

40. 스토킹처벌법 제2조 제1호 다목

41. 대법원 2023. 5. 18. 선고 2022도12037 판결

42. 정보통신망법 제74조 제1항 제3호

43. 대법원 2013. 12. 12. 선고 2013도7761 판결 등 참조

44. 성폭력처벌법 제13조

45. 대법원 2018. 9. 13. 선고 2018도9775 판결

46. 스토킹처벌법 제2조 제1호 바목

47. 스토킹처벌법 제2조 제1항 사목

48. 대법원 2023. 5. 18. 선고 2022도12037 판결

49. 개인정보보호법 제2조 제1호

50. 전주지방법원 정읍지원 2021. 9. 9. 선고 2021고단95 판결

51. 개인정보보호법 제59조

52. 대법원 2021. 4. 29. 선고 2020다227455 판결

53. 대법원 2006. 10. 13. 선고 2004다16280 판결

54. 민법 제751조

55. 민법 제764조

56. 서울중앙지방법원 2023. 3. 24.자 2023카합20069 결정

57. 대법원 2005. 2. 18. 선고 2004도7862 판결 등 참조

58. 대법원 2018. 10. 12. 선고 2018도10777 판결 등 참조

59. 인천지방법원 부천지원 2020. 2. 7. 선고 2019고정355 판결

60. 대법원 2022. 7. 28. 선고 2020도8421 판결

61. 대법원 2013. 2. 28. 선고 2010도14037 판결 등 참조

62. 대법원 2008. 2. 14. 선고 2007도8155 판결 등 참조

63. 대법원 2023. 2. 2. 선고 2022도4719 판결

64. 서울중앙지방법원 2019. 9. 19. 선고 2019고정1459 판결

65. 대법원 2005. 2. 18. 선고 2004도6323 판결

66. 의정부지방법원 2021. 1. 15. 선고 2020고단3695 판결

67. 서울동부지방법원 2022. 1. 13. 선고 2021고단2279 판결

68. 형법 283조

69. 대법원 1971. 12. 14. 선고 71다2045 판결 등

이런 법도 모르고 1인 미디어 하지 마라

1판 1쇄 찍음 2024년 12월 15일
1판 1쇄 펴냄 2024년 12월 25일

지은이 김민철·김장천·신동희
펴낸이 천경호
종이 월드페이퍼
제작 (주)아트인
펴낸곳 루아크
출판등록 2015년 11월 10일 제2021-000135호
주소 10881 경기도 파주시 회동길 480, 아트팩토리 NJF B동 233호
전화 031.998.6872
팩스 031.5171.3557
이메일 ruachbook@hanmail.net

ISBN 979-11-94391-12-8 03300